U0510379

CUN YIN FAN XING

寸印繁星
中共早期出版业纪实

杨绣丽 著

上海人民出版社

目 录

风雪途启

　　骤车出北京城，一路风雪载途，往东疾驰。乘者有些奇怪，那账房模样的生意人，一张椭圆脸，面色略微有些苍白，戴着一副金丝眼镜，漆一般黑的胡须，跨坐在车把上，脸色冷峻而严肃。而那大刺刺端坐车后的汉子，压得低低的毡帽下面，胡子拉碴，按说这人应该是老板了吧，但身上套着的一件棉背心，油迹斑斑，几乎能照出人影，又仿佛店伙计了。当他偶尔朝外看去时，目中精光闪烁，似乎被冰雪所映亮，显示其并非一般人物。

　　时为 1919 年阴历年底。北国。道路一侧是雪，另一侧也是雪，条条辙迹中冻雪肮脏凸起，永无尽头地伸展。大雪封冻的村庄，几乎难闻到鸡鸣狗吠，只有屋顶炊烟袅娜，犹如一声声呐喊从铁屋子里传出来，转眼间消逝无踪。

　　此时，正值生意人前往各地收账之际，谁也没注意到这两个赶路者的反常。而赶路者眼中无山舞银蛇，无原驰蜡象，只是赶着他们的路途……在寒气彻骨中，一声声鞭响，似乎将华北莽原上空的冰冷空气撕出一道道裂隙，辙迹深深地印入历史：

　　这两个赶路者乃是鼎鼎大名的人物，他们是北大的前同事，是《新青年》及《每周评论》的同仁，是马克思主义的信仰者……他们——那装作账房先生者，实乃李大钊也。那套着棉背心的，则是陈独秀。

　　1919 年 6 月 11 日，陈独秀在北京城南香厂路新世界游艺场散发传单时，被捕入狱，获释后，仍格外受到当局关注，住处受到监视，陈独秀颇感不适，打算迁居上海。

1920 年 1 月，陈独秀秘密离京，到了上海，后于 2 月 4 日，去武汉作演讲，轰动武汉学界，惊动湖北当局。8 日，陈独秀乘火车从武汉回北京，结果北京家中遭到更严密监视。消息传到李大钊处，李大钊派人到车站把陈独秀接走，并决定亲自送往天津。

寒风拂面，陈独秀看着李大钊背影，心中感慨，不禁吟起诗来："本有冲天志，飘摇湖海间。偶然憩城邦，犹自绝追攀。寒影背人瘦，孤云共往还。道逢王子晋，早晚向三山。"

李大钊听了，停下骡车，跳下车来，站于路肩，赞道："仲甫先生果然大才磊磊，竟然在路上作得这一首好诗！"

陈独秀也跟着跳下车来，笑道："是多年前一首旧作，题作《咏鹤》，一时感慨，突然想起来了。"

李大钊诚恳说道："仲甫先生过谦了，虽说您如今算是遭逢飘摇湖海的境况，但仲甫先生可莫愁前路无知己啊，要说起来，如今天下谁人不识仲甫先生大名?！"

刺目的雪光中，陈独秀遥望着不远处的村庄，田野，更远处的山脉，沉默了一会儿，答道："如今这世道，再抱有朝游北海暮苍梧、自在逍遥的出世之心，确实不合时宜了，所以不管前路如何，君子当自强不息，不敢说为天地立心，但为生民立命之责，却是我辈所不敢辞也！"说着，隐隐然生起一股虽千万人吾往矣的气概。

"是的。为生民立命，为万世开太平，开创一个新纪元，诚我辈之责，也是我辈所愿也！"李大钊目视远方，眼有期待之意。

"是啊，民国成立已然八年有余，不仅民不聊生，而我们这些舞文弄墨的人，本来以文养家，如今却连一点言论自由都要受到钳制，实堪悲哀……但愿有一天，我们的子孙后代能有自由选择的余地。"陈独秀既愤慨又坚定地说道，露出神往之色。

寒风凛冽，呼啸如狂。李大钊答道："相信，庶民总归胜利，人人都会有一方光明的立足之地。"

日行夜宿，一路风雪。他们就这样推心置腹地交谈着，说起各自的出身，谈起留学期间的往事，谈起创办《新青年》的各种境况，谈起远方的十月革命……

这一年，陈独秀41岁，李大钊31岁，此时正在北京从事驱张请愿活动并经李大钊介绍加入少年中国学会的毛泽东27岁。说起来，他们三人的名号很有意思。陈独秀，谱名庆同，官名乾生，字仲甫，号实庵。因家乡有独秀山，他先以"独秀山民"为笔名，后以"独秀"名世，另有笔名"只眼"，透出一股独特的个人意志。李大钊，字守常，被誉为道德完人，有大胸怀。毛泽东，字润之，颇有毛毛细雨，润泽东方的味道。

先说这陈独秀，安徽怀宁人。1901年，22岁的陈独秀因进行反清宣传活动，受清政府通缉，从安庆逃亡日本，进入东京高等师范学校速成科学习，半年后回国。

对于第一次日本之行，陈独秀曾有回忆："我十年以前……哪知道国家是什么东西，和我有什么关系呢？到了甲午年，才听见人说有个什么日本国，把我们中国打败了。到了庚子年……八国的联合军，把中国打败了。此时我才晓得，世界上的人，原来是分做一国一国的。此疆彼界，各不相下。我们中国，也是世界万国中之一国，我也是中国之一人。一国的盛衰荣辱，全国的人都是一样消受，我一个人如何能逃脱得出呢。我想到这里，不觉一身冷汗，十分惭愧。我生长二十多岁，才知道有个国家，才知道国家乃是全国人的大家，才知道人人有应当尽力于这大家的大义。我从前只知道，一身快乐，一家荣耀，国家大事，与我无干。那晓得全树将枯，岂可一枝独活；全巢将覆，焉能一卵独完。自古道国亡家破，四字相连。若是大家坏了，我一身也就不能快乐了，一家也就不能荣耀了，我越思越想，悲从中来。我们中国何以不如外国，要被外国欺负，此中必有缘故。我便去到各国，查看一番。"

1902 年，陈独秀再次赴日，一年后回国，在上海与章士钊等创办《国民日日报》，主张民主革命，反对专制。1904 年初，他在芜湖创办《安徽俗话报》，次年，在《安徽俗话报》编辑部所在地，与柏文蔚、常恒芳等人创建了安徽第一个资产阶级革命组织——岳王会，陈独秀任总会长。1914 年 7 月，35 岁的陈独秀因生计所迫再一次东渡日本，入雅典娜法语学校学习法语，并应章士钊之邀协助编辑《甲寅》杂志，这是他四次日本之行（也有人说是五次）中的最后一次，在那里，他以文会友，结识了李大钊。

陈独秀最后一次去日本这事还得从辛亥革命说起，1911 年，辛亥革命胜利后，孙毓筠就任安徽都督，慕陈独秀之名，特发一电报，聘他返回安徽担任都督府秘书长。

其时，陈独秀正与夫人高君曼沉醉在杭州西湖边的柔风酥醉里。高君曼本是陈独秀第一任夫人高晓岚同父异母的妹妹，北京师范学校毕业生，她留一头齐耳短发，风姿绰约，正是热烈奔放的新式女性，加上喜爱文学，跟陈独秀志趣相投，渐生爱恋。陈独秀为高君曼写了诸多诗作，其中有一首云："委巷有佳人，颜色艳桃李。珠翠不增妍，所佩兰与芷。相遇非深恩，羞为发皓齿。闭户弄朱弦，江湖万余里。"陈独秀与高君曼的自由恋爱被视为伤风败俗，辱没了家风，但他们两情相悦，比翼双飞，不久离家出走，于 1909 年在杭州宣布结为夫妻。

酒旗风暖少年狂，陈独秀和高君曼与沈尹默、刘季平、马一浮、谢无量等人恣肆潇洒，吟诗斗酒，"徜徉在湖山之间，相得甚欢"。

陈独秀接到邀请电后，与高君曼回到安庆，于1912年1月初走马上任，4月间，陈独秀主动辞职，重办安徽高等学堂并任校长。

两个月后，旧友柏文蔚接任安徽都督，陈独秀再次被任命为都督府秘书长，一切施政方针几乎全由陈独秀决定，"以保存行政之纯洁性"。当时安徽人称："武有柏，文有陈，治皖得人。"

听闻陈独秀治皖有功，好友汪孟邹从芜湖赶到安庆，想要找到进阶之职。

十年前，第一次赴日的陈独秀自日本回到安庆，为增长国人见识，他与人商议合办《安徽俗话报》，因故未成，陈独秀便想起挚友汪希颜的弟弟汪孟邹。当时，汪希颜已因病去世，汪孟邹在芜湖开办芜湖科学图书社，是安徽境内第一家新式书店。陈独秀背了一个包袱，拿着一把雨伞，来到芜湖，两人商议后，图书社成为《安徽俗话报》发行机构，稿件编好后寄往上海印刷，再运回芜湖发行。

1904年夏天，陈独秀将编辑部搬到图书社二楼，题写了一幅大字对联"推倒一时豪杰，扩拓万古心胸"，悬于大楼前，气吞山河。

历史上，安徽由于地处相对封闭区域，山货土产品较为丰富，只是山多田少，山民不得不"远贾他乡"，"求食于四方"，于是乎有抱负者常常不辞山高路远，外出经商，数年不归，而被赞为"徽骆驼"，甚至"徽骆驼"一词还被收入《辞海》，释义指："此乃喻徽州人正义奋斗、宁死不屈之性格"，徽人胡适就多次用"努力做徽骆驼"来激励绩溪乃至安徽同乡。

创办《安徽俗话报》时,陈独秀拿出"徽骆驼"的劲头来,几乎每天只吃两顿稀粥,但和汪孟邹结下真挚的友谊。在此期间,陈独秀联络柏文蔚等力量,在图书社楼上成立"岳王会",与陈独秀等人过从甚密的高语罕写道:"安徽近二十年,所谓种族革命、政治战争、社会运动、文化运动,芜湖实居重要地位,而长街之中,方丈危楼、门前冷落之科学图书社,实与之有密切关系!"

1922 年,陈独秀为《科学图书社二十周年纪念册》题词时写道:"二十年前,孟邹以毫无商业经验的秀才,跑到芜湖开书店,实是盲目行动,然当时为热烈的革新感情所驱使,居然糊糊涂涂,做到现在状况。我那时也是二十几岁的少年,寄居在科学图书社楼上,做《安徽俗话报》,日夜梦想革新大业,何物臭虫,虽布满吾衣被,亦不自觉……"

《安徽俗话报》出版了 23 期,后被勒令停办,陈独秀离开芜湖,第三次留学日本。

如今,陈独秀听到汪孟邹渴欲从政的想法,思量一番,正色说道:"眼下非是长局,你还是回去从商为好,最好到上海开一间书店。"后来,汪孟邹在上海开办亚东图书馆,对陈独秀颇有助益。

却说陈独秀果然有着敏锐的政治直觉,1912 年 3 月 10 日,袁世凯窃任大总统,并开始其复辟之路。1913 年,安徽易帜,安徽都督柏文蔚被免,孙多森接任。陈独秀在孙未上任之前,称"旧病复发,迫不及待",呈请辞职,不告而去,携家属到了上海。

这年 7 月间,二次革命爆发,安徽宣布独立,柏文蔚出山成为安徽讨袁总司令，陈独秀回到安庆，协助制定讨袁大计，并起草了独立宣言。不过，二次革命很快失败，8月27日，袁世凯任命的安徽新都督倪嗣冲占领安庆，下令"捕拿柏文蔚之前秘书长陈仲甫"，陈独秀不得不化装成商人，携妻子和一双儿女陈鹤年、陈子美乘民船自安庆潜逃芜湖，被捕后经人解救，于11月逃往上海。

上海滩物价贵，柴盐油米酱醋茶件件要花钱，还要缴房租，居大不易。陈独秀既无正当职业，又无固定收入，一家人过着一日三餐无着落的穷困生活，几乎陷入绝境。有时，一天连两顿稀粥都难喝上，陈独秀一声长叹："革命，革命难于上青天！"

此时，汪孟邹带着侄儿汪原放来到上海，运作开办了一间书局。

原来早些年间汪孟邹为科学图书社进货，常来往于安庆与上海之间，并由章士钊介绍住在惠福里群益书社内，因而与群益书社老板陈子沛、陈子寿兄弟结识，经陈氏兄弟的帮助，汪孟邹于群益书社同弄内开设亚东图书馆，后来迁到河南路平和里，1914年春，又迁到江西路口的福华里。

生意惨淡，亚东图书馆迁来迁去，一直未能离开狭窄的弄堂。以至于后来有一次，陈独秀厉色道："你要死，只管还缩在弄堂里，你要活，一定要走出弄堂，上大马路。"

陈独秀今次避难上海滩，与汪孟邹商量，开始编撰《英文教科书》和《字义类例》，只希望早日出版，一来扩大亚东图书馆声名，二来改变自己举步维艰的生存状况。为了生计，他不得不穿着单薄的御寒棉衣，在挂满尿布的寒舍内伏案写作，也不知何年何月才能有出头之日。

陈利明所著《陈独秀正传》写到一个有趣的故事。一天，家里实在揭不开锅了，陈独秀不得不冒着大雪，前往亚东图书馆，本意是想要汪孟邹先支付一点稿费，以助过冬。但他到了后，也不说话，汪孟邹一见陈独秀有气无力、日渐消瘦的样子，忙叫店伙计上街为他买些点心。陈独秀用好点心，依旧不开口，只是坐在一旁默默无语，一个劲儿地抽着汪孟邹买给他的香烟。汪孟邹见他坐久了，也不好点破他借钱的来意，说道："仲甫，拿一些钱去吧。"陈独秀点点头，仍然一声不吭，汪孟邹便给他一两元钱。他接过钱，往怀里一塞，坐了一会儿，这才走了。后来，陈独秀曾为此多次对人说过："汪孟邹是我们家的大施主。"

"寒士卖文为生，已为天下至苦之墙。"陈独秀本拟闭户读书，以编辑为生，孰料书业飘零……1914年春天，《英文教科书》和《字义类例》在亚东图书馆先后出版，两本书销数极少，借稿费维生的希望落空。春天虽然来了，冬天却未远去，凛冽的寒风还在肆虐着。

6月间，陈独秀致信《甲寅》杂志主编、旧友章士钊，信中叹道："国政剧变，视去年今日，不管相隔五六世纪。……自国会解散以来，百政俱废，失业者盈天下又复繁刑苛税，惠及农商，此时全国人民，除官吏、兵匪、侦探之外，无不重足而立，生机断绝……"

他由己及人，想到天下民生多艰，不禁怆然，谁料想自己一介书生，似乎只有静待饿死一途……遂不甘地问道："仆急欲习世界语，为日后谋生之计。足下能为觅一良教科书否?"

章士钊创办《甲寅》杂志，最初是"图以文字与天下贤豪相接"。6月10日，他在《甲寅》杂志刊载陈独秀这封来信，附按语曰："寥寥数语，实足写尽今日社会状态。……呜呼！使今有费生而能哭，郑侠而能绘，不审所作较足下为何如！"章士钊遂邀陈独秀前往日本，一面就读，学习法语，一面协办《甲寅》。

于是，陈独秀找到汪孟邹，希望他暂时帮助接济高君曼母子四人，他于7月告别妻儿，再一次去了日本。

《甲寅》主要撰稿人除章士钊外，还有李大钊和高一涵、易白沙、张东荪、梁漱溟、苏曼殊等人，陈独秀因此与李大钊等人结识，日后成为"北李南陈，两大星辰"。而《甲寅》杂志所刊文章，多提倡共和、反对专制，且说理精粹，影响力急增。

只是留在上海的高君曼母子四人，虽有汪孟邹关照、接济，也只能勉强度日。毕竟，汪孟邹的日子也不好过，甚至一度做过杂粮的生意，以弥补出版亏空，其艰难可知。汪孟邹日记中就多有"社务乏款，焦急之至"，"芜（湖）款未至，焦灼万分"，"暂借到洋五百元，真正可感"等艰辛记叙。

而陈独秀在日本"度那穷得只有一件汗衫，其中无数虱子的生活"，大略也无余资寄回。

高君曼由于天长日久相思、劳累，不幸染上肺疾，被送入院治疗休养。

从都督府秘书长夫人到一文不名的苦贫境况，不过短短三四年时间，生活如此跌宕起伏，高君曼心底的滋味可想而知。而她在愁苦中写下许多思念陈独秀的诗作，其绵绵情意，感人肺腑：

一首曰："倚窗临槛总成痴，欲向姮娥寄所思。银汉迢迢宫漏永，闲阶无语立多时。"深夜临窗望月，遥思夫君，可惜两人如隔迢迢银汉，天遥地远，无语痴立，只有一道孤单只影相伴罢了！

又一首曰："寂寂春城画角哀，中宵扶病起徘徊。相思满地都无着，何事深闺夜夜来。"贫病交加的悲哀，中宵无眠的徘徊，相思无着的空虚，痴情人心中泛起一片无尽的苦海。于是，不由得又想起凭肩依立、俪影双双的情景来："春寒风腻冷银缸，翠竹分阴上琐窗。记得凭肩花底生，含情应风影双双。"

如许如烟往事，而今只余泪痕残香，往日绮丽共倚的幸福似乎一去不复返了，她写道："影事如烟泪暗弹，钗痕依约粉香残。伤心最是当前景，不似年时共倚阑。"

但在回忆中，当时脉脉相许的诺言依稀还在，可惜归期难订，宝贵的年华怎堪换取一次次别离："楼下花骢花下嘶，殷勤还与订归期。问君更有愁多少，拼把年华换别离。"

离别的哀怨、急盼思归的煎熬，加重了高君曼的病体，这可急坏了汪孟邹。据汪孟邹《梦舟日记》所载：4 月 25 日，高氏"体气不佳，家中寂寞，甚为悲伤，竟至泣下"。5 月 15 日，"忽咯血"。18 日，"咯血之症昨夕又发"。24 日，汪孟邹到医院探望，只见高君曼"一种凄凉之状，令人心悸"。不得不给陈独秀"写信催返"。

陈独秀欲令全国思想都改观

　　1915 年 6 月，陈独秀蹈海归来。苍茫大海上，眼看着浪花翻涌，陈独秀思绪翻飞，考虑着回上海后如何养家、如何照顾高君曼和三个嗷嗷待哺的孩子一事，只见大海上波光潋滟，陈独秀心中渐渐明朗。

　　早在 1902 年，陈独秀就协助章士钊打理过《国民日日报》。1904 年，单枪匹马创办《安徽俗话报》，并说："我开办这报，是有两个主义，索性老老实实的说出来，好叫大家放心。第一要把各处的事体，说给我们安徽人听听，免得大家躲在鼓里，外边事体一件都不知道。第二要把各项浅近的学问，用通行的俗话演出来，好教我们安徽人无钱多读书的，看了这俗话报，也可以长点见识。"《安徽俗话报》广泛报道国内外时事政治并加以评论，灌输近代国家观念与革命思想等，可以视作创办《新青年》的一个预演。1914 年，在日本协办《甲寅》，也有一番作为。可以说，做出版是陈独秀目前为止最擅长也是最好的谋生营业。为此，他决定创办一份属于自己的杂志，他觉得：中国要进行政治革命，必须从"思想革命开始"，"要改变思想，须办杂志"。

　　一回到上海，陈独秀立马游说亚东图书馆老板兼挚友、《甲寅》发行人汪孟邹，让他赞助自己，并放出豪言："让我办十年杂志，全国思想全改观。"令人听在耳里，有如惊雷。

　　此时，中国出版业十之八九集中在上海。

　　说到上海的出版业，最早可上溯至宋、元时代，当时松江、金山地区官府、私家和书坊都有刻本流传。南宋绍熙四年（1193

年），松江杨潜修《云间志》3卷，此为上海地区较早成书者，也有明、清时抄本传世。南宋庆元六年（1200年），华亭县学徐民瞻刻《陆士龙文集》10卷，为现在流传下来的极其有限的宋刻之一，且为现存上海最早的刻本。

上海开埠后，英国传教士麦都思（Walter Henry Medhurst）于1843年12月23日在沪创办了墨海书馆。1860年，美华书馆迁来申城；1864年，土山湾印书馆创立；1876年，英国人美查的点石斋石印局开业；接着，日本商人创办修文书局和乐善堂书局……这批外国人创办的出版机构带来了新的印刷设备、新的技术和新的生产方式，出版各种图书期刊，也带来了西方文化，意味着中国出版业现代化的开始，刺激了上海出版业的发展，此后，江南制造局翻译馆、申报馆、广学会和商务印书馆等中式书坊相继应运而生。

到1905年，上海成立了以出版雕版书、石印书、翻印古书为主的书坊同业组织——上海书业公所，同年又建立以出版新书为主的书店同业组织——上海书业商会，上海出版界由此形成，而一条大约位于今延安东路与福州路间、河南中路两侧的街道，因其纵横排列形似棋盘而得名棋盘街，逐渐发展成为书店林立的文化街。自此，凡大书局必于此处设立营业窗口，书店越开越多，后来延伸到福州路，这就是福州路成为今天上海文化街的渊源。

辛亥革命后，中华书局、亚东图书馆、世界书局、大东书局等书局也陆续开业，上海出版业更见繁盛。

竞争激烈，刚开办两年的亚东图书馆生意并不见好，又在承担《甲寅》的印刷发行，已经没有能力接受老友的托付，汪孟邹帮忙联系了群益书社陈子沛、陈子寿兄弟，群益书社实力比亚东稍显雄厚一些，他们一拍即合，商定了印刷出版等具体事宜。

对此，陈独秀挚友汪希颜之子、汪孟邹之侄汪原放在《回忆亚东图书馆》中写道："据我大叔回忆，民国四年，仲甫亡命到上海来，他没有事，常要到我们店里来。他想出一本杂志，说只要十年、八年的功夫，一定会发生很大的影响，叫我认真想法。我实在没有力量做，后来才介绍他给群益书社陈子沛、子寿兄弟。他们竟同意接受，议定每月的编辑费和稿费二百元，月出一本，就是《新青年》（先叫做《青年杂志》，后来才改做《新青年》）。"

一步迈出，就是里程碑。1915 年 9 月，《青年杂志》在上海法租界创刊开张，编辑部和《安徽俗话报》如出一辙，只有光杆司令陈独秀一人。

创刊号上刊载的《社告》称："国势陵夷，道衰学弊，后来责任，端在青年。本志之作，盖欲与青年诸君商榷将来所以修身治国之道"，"凡青年诸君对于物情学理有所怀疑，或有所阐发，皆可直缄惠示。本志当尽其所知，用以奉答，庶可启发心思，增益神志"，并以"各国事情学术思潮尽心灌输"，将挽救民族颓势的重任放在了"青年"身上，还打广告称"本志执笔诸君，皆一时名彦"。

其实，第 1 卷《青年杂志》近一半文章出自陈独秀之手，读者来信也不过陈独秀角色扮演自卖自夸，第 2、3 卷的封面甚至标明"陈独秀先生主撰"字样。此外的作者，包括高一涵、易白沙、高语罕、刘叔雅、谢无量等人，主要来自安徽，与陈独秀有着密切的个人交往，也算得上"一时名彦"，但并未成为《新青年》发展历程中最重要的作者群。

《青年杂志》风格带有《甲寅》的印记，栏目基本仿照《甲寅》设置，并极力宣传与《甲寅》的继承关系以吸引读者。1915年，《甲寅》杂志第 8 期、第 9 期上，赫然刊出《青年杂志》的广告："我国青年诸君，欲自知在国中人格居何等者乎？欲自知在世界青年中处何地位者乎？欲自知将来事功学业应遵若何途径者乎？欲考知所以自策自励之方法者乎？欲解释平昔疑难而增进其知识者乎？欲明乎此，皆不可不读本杂志。"

陈独秀踌躇满志，在发刊词《敬告青年》中满怀激情讴歌："青年如初春，如朝日，如百卉之萌动，如利刃之新发于硎，人生最可宝贵之时期也。"他由此认为："青年之于社会，犹新鲜活泼细胞之在人身。"所以他"涕泣陈词"，属望新鲜活泼之青年，自觉而奋斗："自觉者何？自觉其新鲜活泼之价值与责任，而自视不可卑也。奋斗者何？奋其智能，力排陈腐朽败者以去，视之若仇敌，若洪水猛兽，而不可与为邻，而不为其菌毒所传染也。"

为此，他指出了自觉奋斗所要达到的"六义"：自主的而非奴隶的、进步的而非保守的、进取的而非退隐的、世界的而非锁国的、实利的而非虚文的、科学的而非想象的。他认为："国人而欲脱蒙昧时代，羞为浅化之民也，则急起直追，当以科学与人权并重。"《敬告青年》提出科学与人权的主张，其后发展成为"科学与民主"的新文化运动主旋律。

杂志出版到第 6 号，渐渐声名鹊起，办有《上海青年》杂志的上海基督青年会，写信给群益书社，要求《青年杂志》更名。汪孟邹日记称，1916 年 3 月 3 日，晚饭后去到陈独秀家中，遇见陈子寿。"子寿拟将《青年杂志》改名为《新青年》，来商于仲，仲与予均表赞同也。"

一只蝴蝶扇动了翅膀，风暴陡然形成。

陈独秀抓住这一契机，刻意制造杂志的"全新"面貌，在第 2 卷第 1 号《新青年》上发出一则通告："自第二卷起，欲益加策励，免副读者诸君属望，因更名为《新青年》。且得当代名流之助，如温宗尧、吴敬恒、张继、马君武、胡适、苏曼殊诸君，允许关于青年文字，皆由本志发表。嗣后内容，当较前尤有精彩。此不独本志之私幸，亦读者诸君文字之缘也。"

此通告所列"当代名流"，后来大多相继登场，但除胡适之外，在《新青年》并无出彩之处。相反李大钊、刘半农、杨昌济等并未"通告"的作者，在第2卷登场后，带来意外的惊喜。李大钊和胡适日后也跟陈独秀一起成为《新青年》旗手式人物。

1916年9月，李大钊《青春》一文，刊于《新青年》第2卷第1号。他以澎湃文笔激励青年"冲决过去历史之网罗，破坏陈腐学说之囹圄"，"涤荡历史之积秽"，不断地以"青春"的精神来改造自我，"纵现在青春之我，扑杀过去青春之我"，"进前而勿顾后，背黑暗而向光明，为世界进文明，为人类造幸福，以青春之我，创建青春之家庭，青春之国家，青春之民族，青春之人类，青春之地球，青春之宇宙，资以乐其无涯之生"。读来令人热血沸腾。

李大钊在文中倡导"吾族青年所当信誓旦旦，以昭示于天下者，不在龈龈辩证白首中国之不死，乃在汲汲孕育青春中国之再生。吾族今后之能否立足于世界，不在白首中国之苟延残喘，而在青春中国之投胎复活"。这篇文字以乘风破浪之磅礴气概，吹响了为古老中国再造重生的冲锋号，使当时的青年学生受到了一次心灵的洗礼，影响极大。

1917年1月1日，《新青年》第2卷第5号，刊发胡适《文学改良刍议》，文中提出："以今世历史进化的眼光观之，则白话为中国文学之正宗，又为将来文学之利器，可断言也"，并谈到文学革命八主张：不用典、不用陈套语、不讲对仗、不摹仿古人、语言须有个我在……

这又是《新青年》早期所刊发的一篇影响深远的重量级作品。

胡适此人与上海颇有缘分，他原籍安徽绩溪，但出生于江苏省松江府川沙县，也就是今天浦东新区川沙镇。2岁时随母亲前往台湾其父胡传任所，中日甲午战争爆发后，随母亲离开台湾返回上海，后回到祖籍绩溪，进家塾读书。13岁再到上海，入梅溪小学堂就学。1910年留学美国，入康奈尔大学选读农科。五年后，入哥伦比亚大学哲学系，师从哲学家约翰·杜威。

由于汪孟邹与胡适都是绩溪人，早就认识，他替陈独秀和胡适牵线搭桥，令他们两人在通信中成为知交。1916年10月1日，《新青年》第2卷第2号上，刊载胡适致陈独秀的信《寄陈独秀》，胡适在信中首次列出八事（排序与后来成文不同），明确提出"今日欲言文学革命，须从八事入手"，成为《文学改良刍议》的预告。

胡适主张"用白话来做文学的工具"，并尝试着用白话做自由诗，写白话文学剧本，对陈腐的旧文学形成很大冲击，可以说掀起一阵狂澜……

而陈独秀态度本就激进，他举起"文学革命"大旗，于1917年2月《新青年》第2卷第6号上发表《文学革命论》一文，既为胡适助阵，又更进一步高呼"三大主义"："推倒雕琢的阿谀的贵族文学，建立平易的抒情的国民文学。推倒陈腐的铺张的古典文学，建设新鲜的立诚的写实文学。推倒迂晦的艰涩的山林文学，建设明了的通俗的社会文学。"颇有冲击力。

不过，周作人曾经嘲笑陈独秀虽然高呼进行文学革命，但写的还是古文。这一现状到1918年1月第4卷第1号《新青年》全部启用白话文才得到改观。

在那之前，书业萧条，《新青年》发行不畅，陈独秀常与汪孟邹、陈子寿等聚谈，讨论将亚东图书馆与群益书社合并，扩大为书局等事宜。为此，1916年11月26日，陈独秀与汪孟邹赴北京招股，为两家出版机构合并募集资金，住在离天安门不远处的一间中西旅馆里。关于此事，陈独秀在给胡适的一封信中写道："弟与孟邹兄为书局招股事，来北京勾留月余，约可得十余万元，南方约可得数万元，有现金二十万元，合之亚东、群益旧有财产约三十万元，亦可勉强成立，大扩充尚须忍待二三年也。"

每天，陈独秀和汪孟邹早出晚归，一为探访旧友，二为寻觅商机，晚上没事就去看戏。只是，事与愿违，书局合并之事最后终成泡影。

在北京住了将近一个月，刚刚被任命为北大校长的蔡元培来访，汪孟邹在日记中写道："12月26日，早九时，蔡子民先生来访仲甫，道貌温言，令人起敬，吾国唯一之人物也。"

据说，蔡元培曾经三次上门，与陈独秀相见。最后一次，陈独秀还没起床，蔡元培就搬了一张凳子坐在房间门口等他，确实求贤若渴啊！此时，《新青年》在知识界也有声名，主编陈独秀可以称为新潮思想的标杆人物，笼络此等人才，自可为北大扩张声势。

等到陈独秀终于起床，还没用早餐，蔡元培再一次提出了邀请。

"仲甫才疏学浅，恐怕难担重任啊……"陈独秀深思片刻后推辞道。事实上，他办杂志是认真的，也有办杂志的雄心壮志和方略，但他也明白自己既无博士头衔，又无教授职称，从未在大学上过课，蔡元培直接让他担任文科学长，委实令他诚惶诚恐。

"先生可以不开课，专任文科学长。"蔡元培为之排遣道，"至于教授职称，凭先生学识，待先生进北大之后，完全可以办理有关教授职称手续，此事不难。"

陈独秀见蔡元培有如此诚意，又道："仲甫目前在编《新青年》杂志，每月出一期，编辑部在上海，无法脱身。"这才是陈独秀真正在意之事，《新青年》杂志毕竟是他一腔心血所注，无论如何，不会放下。

蔡元培一听，这事更好办了，"先生可把《新青年》搬到北大来办嘛，北大乃人才济济之地，先生到北大来办《新青年》，一定比在上海办得更有影响。"

陈独秀听了，大喜过望，答应下来，回沪携带家小去也。

1917 年 1 月 15 日，北京大学张贴出蔡元培签署的布告："本校文科学长夏锡琪已辞职，兹奉令派陈独秀为北京大学文科学长。"

1 月下旬，陈独秀携家小赴京上任，住在距北大新校舍汉花园一箭之遥的北池子箭杆胡同九号，《新青年》编辑部随之迁来此处，此时《新青年》第 2 卷第 6 号刚刚出版。

房东住在西院，陈独秀则住东院，北房三间为办公室、书房和卧室，南房三间则是《新青年》编辑部，陈独秀在这里一住就是三年。

据北大校长蔡元培回忆："自陈独秀君来任学长，胡适之、刘半农、周豫才、周启明诸君来任教员，而文学革命、思想自由的风气，遂大流行。"周豫才、周启明即鲁迅、周作人兄弟是也。而胡适和刘半农，一个博士学位没拿到，一个中学没毕业，他们都被给予教授职位，"兼容并蓄"之意味确实够足了。此外，杨昌济从湖南一师调来，李大钊接替章士钊担任图书馆馆长，新思潮蔚然成风。

而他们相继加入《新青年》作者阵营，一时间《新青年》名流荟萃，可谓璀璨夺目。

《新青年》搬到北大算得上一个巨大的转折点，张国焘《我的回忆》曾写道，此前"北大同学知道这刊物的非常少"，等到陈独秀担任北大文科学长后，"《新青年》月刊也在我们学校中和书摊上买得到了"。

当然，仅仅占领北大这样一个小市场还是不够的，8月间，《新青年》出完第3卷第6号后，订数还是太少，刊登的广告也基本仅限于群益书社的书籍教材，群益不堪重负决定停刊。陈独秀等人各种斡旋，群益这才答应次年1月复刊。

复刊时，此一境况立即改观。1918年1月，第4卷第1号《新青年》不仅全部改用白话文，还决定由陈独秀、钱玄同、胡适、李大钊等人轮流主编，同时取消投稿。"所有撰译，悉由编辑部同人，共同担任，不另购稿。"

敢有这番自信，因为陈独秀早已不再是上海弄堂里的光杆司令，"独人杂志"已成为同人杂志，且这群人有名气有高薪，不用稿酬，极大节约办刊成本。胡适后来对此回忆道："民国七年一月，《新青年》重新出版，归北京大学教授陈独秀、钱玄同、沈尹默、李大钊、刘复、胡适六人轮流编辑。"

后来编辑有所替换，沈尹默回忆说："《新青年》搬到北京后，成立了新的编辑委员会，编委七人：陈独秀、周树人、周作人、钱玄同、胡适、刘半农、沈尹默，并规定由七个编委轮流编辑，每期一人，周而复始。我因为眼睛有病，且自付非所长，因此轮到我的时候，我请玄同、半农代我编。我也写过一些稿子在《新青年》发表，但编辑委员则仅负名义而已。"

这些人无疑都是当时的第一流知识者，他们的加入，他们的著作，令《新青年》声名日隆。

北大中文系学生杨振声曾说：《新青年》"像春雷初动一般。……惊醒了整个时代的青年，他们首先发现自己是青年，又粗略地认识了自己的时代，再来看旧道德，旧文学，心中就生出了叛逆的种子。一些青年逐渐地以至于突然地，打碎了身上的枷锁，歌唱着冲出了封建的堡垒"。

北大中文系学生罗仲言也说："我们那时青年人读《新青年》是风行一时的事。不读的人很少。有些不同意《新青年》观点的学生，出于好奇也要看看。"又说陈独秀"对批评旧思想很有胆量，有勇气，笔陈纵横，独具风格，大家都喜读他的文章。他的文章一来，不管说什么事，我们都希望早点看到"。

鲁迅：不惮于前驱

1917 年 8 月 9 日，对于《新青年》来说，也是一个重要日子。这天，钱玄同第一次走进北京绍兴会馆的朴树书屋，走进鲁迅的寓所，向他约稿。

当时，鲁迅在教育部担任参事一职，独居于此。

多年前，鲁迅在日本学医时看到日俄战争的电影画片，"忽然会见我久违的许多中国人了，一个绑在中间，许多站在左右，一样是强壮的体格，而显出麻木的神情……"因而痛觉到"我们的第一要著，是在改变他们的精神，而善于改变精神的是，我那时以为当然要推文艺，于是想提倡文艺运动了……"不意却尝到了失败的苦果。回到国内，鲁迅"如置身毫无边际的荒原，……以我所感到者为寂寞。这寂寞又一天一天的长大起来，如大毒蛇，缠住了我的灵魂了"。

绍兴会馆相传曾在院子里的槐树上缢死过一个女人，于是直到槐树已经高不可攀了，屋里还没有人住；于是鲁迅便寓在这屋里抄古碑，"来麻醉自己的灵魂，使我沉入于国民中，使我回到古代去……"

钱玄同走进屋里，将手提的大皮夹放在破桌上，脱下长衫，对面坐下了，因为怕狗，他的心房似乎还在怦怦跳动……他对鲁迅说："我想，你可以做点文章……"

鲁迅自然懂得他的意思，他在《呐喊》自序中回忆说："他们正办《新青年》，然而那时仿佛不特没有人来赞同，并且也还没有人来反对，我想，他们许是感到寂寞了……"

　　而在《自选集》自序中，鲁迅说："我那时对于'文学革命'，其实并没有怎样的热情。见过辛亥革命，见过二次革命，见过袁世凯称帝，张勋复辟，看来看去，就看得怀疑起来，于是失望，颓唐得很了。"

　　一切仿佛置身于一间铁屋子里，是绝无窗户而万难破毁的。"然而几个人既然起来，你不能说决没有毁坏这铁屋的希望。"于是鲁迅"终于答应他也做文章了"。后来的事实证明，钱玄同这一次邀约，把《新青年》的名声炸响了。

　　1918 年 5 月，鲁迅第一篇白话文小说《狂人日记》在《新青年》上发表。如果说《新青年》倡导白话文的"丰功"，源自胡适《文学改良刍议》。那么可以说《新青年》改用白话文最显著的事件，当推鲁迅《狂人日记》，它是《新青年》启用白话文的最大突破，是文学革命结出的第一枚硕大的果实，它一出现，就登上了中国白话小说的高峰！

　　自最初一篇《狂人日记》发表，鲁迅一发不可收拾，加入"文学革命"的洪流中，连续发表《孔乙己》《药》等名篇，大大提高了《新青年》的可读性，对此，鲁迅自谓："有时候仍不免呐喊几声，聊以慰藉那在寂寞里奔驰的猛士，使他不惮于前驱。"

　　《新青年》打开白话文的大门后，《晨报》《时事新报》《民国日报》相继改用白话文。不过，《新青年》推广白话文，使用标点和分段，并不是一件容易事，首先印刷上就有很大麻烦，当时连最先进的商务印书馆和中华书局也没有标点模子，不愿接他们的单。最后，群益书社和太平洋印刷厂商量，用外文标点符号做底子刻成了铜模。

　　不管怎么说，《新青年》首先发起的文学革命迅速席卷全国，呈现出一股狂飙猛进的势头，到 1919 年五四运动爆发，白话文报纸至少出了 400 种。1920 年，北洋政府教育部命令，小学教科书改用白话文。《新青年》及其编辑部同仁陈独秀、胡适、鲁迅等人，也成为了那个时代最热的"关键词"。

曹聚仁在《我与我的世界》中写道："一九一八年秋，我从家乡到兰溪，乘公司船下杭州，一上船，便看到施存统兄（施复亮）在对舱……我看见他的枕下，摆着几本陈独秀主编的《新青年》，随手拿来看了几篇，不觉有些异样的感觉。那些文字，虽是用文言体写的，内容却是崭新的。……这便是五四运动的风信旗，《新青年》正是五四运动的里程碑……新文化运动，就此星星之火燃烧起来，成为反封建的主潮。……校外年轻人，正在响应《新青年》的思想革命倾向，主张'废孔''废除旧家庭'，迎接'现代化的民主自由'，……我们受了《新青年》的影响，对于陈独秀、胡适、钱玄同、鲁迅兄弟的言论，不独心向往之，几乎奉之为神明。"

"道德完人"李大钊

　　李大钊进入北大,是在 1917 年 11 月。那时,章士钊辞去北大图书馆主任之职,向蔡元培力荐李大钊继任。李大钊时任北京《晨钟报》编辑,以"守常"所著文章而闻名。于是,"北李""南陈"同聚于北大,同聚于《新青年》编辑部。

　　一年后,1918 年 11 月 27 日,陈独秀在经得李大钊、高一涵、周作人、张申府等人的同意和支持,创办《每周评论》,由陈独秀和李大钊为主要编辑,后来在《每周评论》上引发了"问题与主义"之争。

　　李大钊是河北人,身上颇有燕赵之士的慷慨激昂,他把自己的书斋命名为"筑声剑影楼",壮怀激烈。受邀进入北大后,李大钊在北京南城的瑞记饭庄请客,主客是蔡元培,陪客是梁漱溟,还有蔡元培叫来的陈独秀。看起来,"革命"也需请客吃饭啊!

　　话说蔡元培主掌之前,北京大学的校风还很腐败,管理工作也很差,有一批举人、秀才出身的学生,校内工友都称呼他们为"老爷",以后又改称"先生"。学生中不少人求学目标是毕业后升官发财,或在社会上找到一份好职业,因此托门路、找靠山者有之,平日游手好闲,考试打小抄儿者有之,而少数学生则是死读书不问外事,生活自由散漫,谁也不管谁。教师中不仅有思想保守陈旧者,也有滥竽充数、混饭碗者,更有道德堕落、赌博、捧戏子、逛妓院者,不一而足。

　　为此,蔡元培发起成立进德会,所谓"进德"者,就是增进道德之意。"进德会"之目的，按照蔡元培所说，主要是增进个人的道德修养。为此，他提出一些被认为是不道德或于人身修养有害的行为列为禁戒之例，其中有三个等级标准：甲种会员，不嫖，不赌，不娶妾；乙种会员，于前三戒外，加不做官吏，不做议员二项；丙种会员，于前五戒外，加不吸烟，不饮酒，不食肉三项。

这里面的甲种会员条件，后在该会正式成立时被改作入会的基本条件，其他禁戒则改为由入会者自行选择遵守。李大钊是第一批报名入会的会员，他选择的是"甲种会员"。

李大钊可以称得上是甲种会员的楷模，他幼年时祖父需人照料，便在家中长辈的安排下，与同乡赵纫兰结婚，当时李大钊年仅 10 岁，而赵氏已 16 岁。二人不仅年岁差别偏大，学问更是悬殊，但二人互敬互爱，终其一生，在那个"大变迁、大解放"的时代极为少见。

1918 年 6 月进德会召开成立大会时，加入该会的教职员就有160 多人，学生入会者达 300 余人。李大钊在这次会议前选举进德会组织成员时，当选为"纠察员"。

担任北京大学图书馆主任后，李大钊月工资 140 元，属于高收入人群，要知道，当时小学教师的月薪不到 20 元，后来的北大图书管理员毛泽东月薪只有 8 元，对美国记者斯诺回忆时毛泽东说：北京对我来说开销太大，……非马上就找工作不可。我以前在师范学校的伦理学教员杨昌济，这时是国立北京大学的教授。我请他帮助我找工作，他把我介绍给北大图书馆主任，他就是李大钊，……给了我图书馆助理员的工作，工资不低，每月 8 块钱。工作不外乎管理"日报阅览室"，及时将订阅的全国各地的报纸夹上去，月底送去装订。有时还要做些杂务，如为图书馆主任李大钊的办公室整理书报等……

活不多，挣得少，跟拉车夫差不多，但毛泽东已经觉得挺满足，毕竟当时北京的物价一元钱可以买上二十来斤的上好面粉。

李大钊收入那么高，却常常身穿一件褪色的布袍子，日子过得有些拮据，他们住一座简陋的四合院，一家七口常常每人一张饼卷上一把大葱就是一餐。

钱都去哪儿了？

当时报纸有报道说："李氏私德尚纯，冬不衣皮袄，常年不乘洋车。尽散月入，以助贫苦学生。终日伏案，面究各种学问。"

李大钊周围聚集起一群接受马克思主义的青年人，他和人发起成立少年中国学会组织，会员包含了南北许多青年有志之士，其后有马克思主义倾向的有毛泽东、邓中夏、恽代英等人。

李大钊跟青年学生相处得非常好，也不讲师道尊严，学生们给他起了个外号"老母鸡"，以赞其呵护备至。那时别人家的院门都是关着的，要先敲门才能进去，而李家的大门始终虚掩着，这些年轻人常去他家里蹭饭，据说李大钊不仅写得一手好文章，而且他亲手烙的葱花饼也是一绝，有很多北大同学和同事都吃过他的烙饼。

刘静君回忆，一次去李大钊家时，看见先生的次女炎华，五六岁的样子，穿红粗布小棉袄，外套蓝粗布小褂，前大襟嘴巴下边和两只袖子全是黑灰和鼻涕……刘静君认为，李先生有着令人钦佩的朴素作风，但是每次去他家，李先生总是留下她吃饭，添一个菜，也总是炒鸡子，好像对待异乡来的亲人。

风雪途中，相约建党

李大钊为人儒雅，与人说话时，脑袋习惯向前微倾并且侧着，声调沉慢，使人听了只觉得颇具说服力。在护送陈独秀前往天津一路上，凡沿途关卡，与人交涉，均由李大钊出面，不要陈独秀开口，以免陈所操南方口音引人疑虑。

他们处处小心，可以说有惊无险，但谁能想到，《新青年》的两位旗手、五四运动的两位领袖人物，竟会落至如此狼狈又如此精诚与共的"逃亡"境地？

起因在 1919 年 6 月 11 日夜，陈独秀与内务部会事邓初、《新青年》编辑高一涵三人去新世界游艺场散发传单，这里唱小曲的，说相声的，演京戏的，放电影的，卖瓜子的，喝茶的，熙熙攘攘，热闹非凡，正是"传播思想"的好所在。

晚上 10 时，陈独秀戴着白帽，穿着西服，看准时机，与高一涵等人悄悄潜往新世界游艺场五楼屋顶花园，陈独秀在西南角的黑暗处，如天女散花一般往下撒开上百张《北京市民宣言》传单，然而这三教九流齐聚的场所，自有流氓、暗探混杂期间，于是乎陈独秀当场被捕……

当夜在另一处散发传单的李大钊得知陈独秀被捕的消息，焦急万分，他找来了北京大学德文班学生罗章龙等人，将陈独秀被捕的消息报道传达出去，以便动员舆论进行营救。

他还写了《是谁夺了我们的光明》一文，不久后发表在《每周评论》上："有一位爱读报的人来信说，我们对于世界的新生活，都是瞎子。亏了贵报的'只眼'（即陈独秀），常常给我们点光明。我们实在感谢。现在好久不见'只眼'了，是谁夺了我们的光明?"

6 月 13 日，陈独秀被捕的新闻见诸于北京《晨报》，随后《时事新报》《民国日报》《申报》《时报》等全国各大报迅速跟进，舆论哗然，各界纷纷抨击北洋政府，连孙中山也过问此事，要求尽速释放陈独秀。

1919 年 9 月 16 日，被关押 98 天之后，陈独秀由同乡作保，重获自由。李大钊欣然命笔，写下《欢迎独秀出狱》一诗，发表在《新青年》第 6 卷第 6 号上：

> 你今出狱了，
> 我们很欢喜!
> 他们的强权和威力，
> 终竟战不胜真理。
> 什么监狱什么死，
> 都不能屈服了你;
> 因为你拥护真理，
> 所以真理拥护你。
>
> 你今出狱了，
> 我们很欢喜!
> 相别才有几十日
> 这里有了许多更易：
> ......
> 我们现在有了很多的化身，同时奋起：
> 好像花草的种子，
> 被风吹散在遍地。

虽然获得了自由，但陈独秀的行动仍受到限制，重大行动必须得到批准，便衣暗探常出没在陈独秀居所周围。

1920年1月，陈独秀躲过监视，离开北京，前往上海。2月3日，从上海赴武汉，参加武昌文化大学毕业典礼，并在千人欢迎会上作了《社会改造的方法与信仰》的演讲，指出三个改造的方法：一要打破阶级的制度，实行平民社会主义；二要打破继承的制度，实行共同劳动工作，不使无产者吃苦，有产者安享；三要打破遗产的制度，不使田地归私人传留享有，应归为社会的共产，不种田地的人，不应该享有田地的权利。并认为人们有平等的信仰和劳动的信仰，人人应该受教育，应该常劳动，心理上总有平等的劳动与劳动的革命。

2月6日，他又在文化大学毕业典礼上作《知识教育与情感教育问题》的演讲。2月7日，在武昌高等师范学校作即兴演讲《新教育的精神》。

陈独秀在武汉逗留四天后，这才乘车北上。此时，北京报界详细刊登了陈独秀在武汉的行程及演讲内容，北洋政府对陈独秀在武汉宣传过激思想，大为恼火，北京警察厅对陈宅的监视加重了。高君曼发现后，立即找到李大钊。

李大钊与高一涵、王星拱等人商议，接走了陈独秀。

"北京太危险了。"在王星拱家里，李大钊对陈独秀说道，"我看你还是离京去上海避一避为好！"最后，二人决定从公路出走，由李大钊护送陈独秀前往天津乘海轮去上海。

李大钊比陈独秀小十岁，他称陈为仲甫先生，对人常说："仲甫先生是中国新文化运动的创始者，革命的先锋。"

寒风拂过，两人下车来活动下手脚。这几天里，他们看暮色降临，看曦光初绽，经过城镇里，看逃难者流离失所，不免心潮澎湃……

"都说大雪兆丰年，可是谁知道这世道年年饿殍遍地……"李大钊感慨道。

"是啊。别说平民百姓，我这个昔日的留日学生，也曾饥寒交迫。这世道，是得改变了。"

"是啊，我们就像处在一间黑暗的铁屋子里，是该打破它，建立中国的布尔什维克了。"李大钊答道。

"对，要争取早日建立中国的布尔什维克！"

他们找到了火种，他们将投入柴薪。于是乎这一次"逃亡"之旅，像石头开花一样，引发了"南陈北李，相约建党"的创举。

终于抵达天津，李大钊将陈独秀送到码头。

"仲甫先生，一路保重！"

"守常你这次护送我出走北京，一连消失几天，回去后，你也要小心！"

互道保重后，陈独秀拿着李大钊为他买好的船票，登上轮船，到达上海，开启了他人生中最辉煌最重大的一段经历。

三年前，陈独秀北上，把《新青年》编辑部带到了北京，并高举起民主与科学的大旗，于1919年1月出版的《新青年》上发表《本志罪案之答辩书》："西洋人因为拥护德赛两先生，闹了多少事，流了多少血；德赛两先生才渐渐从黑暗中把他们救出，引到光明世界。我们现在认定只有这两位先生，可以救治中国政治上道德上学术上思想上一切的黑暗。"并说，"若因为拥护这两位先生，一切政府的迫压，社会的攻击笑骂，就是断头流血，都不推辞"。

秉持着此一态度，陈独秀领导五四运动并成为它的"总司令"，将这一爱国运动推向胜利的高潮。

五四运动胜利后两个多月，7月14日，毛泽东在湖南长沙创办《湘江评论》，"以宣传最新思潮为旨"。从它的办刊宗旨和刊名来看，应该受到了《新青年》及《每周评论》的影响！

毛泽东是在1918年10月第一次去北京时认识李大钊的，后进入北大图书馆当助理馆员。三十多年后，毛泽东曾感慨地说："三十年前我为了寻求救国救民的真理而奔波。还不错，吃了不少苦头，在北平遇到了一个大好人，就是李大钊同志。在他的帮助下我才成了一个马列主义者。"毛泽东通过李大钊又结识了陈独秀，并回顾称："我们是他们那一代人的学生。"他们那一代人，自然就是指李大钊和陈独秀。

在《湘江评论》创刊词上，毛泽东高呼："时机到了！世界的大潮卷得更急了！洞庭湖的闸门动了，且开了！浩浩荡荡的新思潮业已奔腾澎湃于湘江两岸了！顺他的生，逆他的死……"他还在创刊号《陈独秀之被捕及营救》一文中指出：当前"思想界空虚腐败到十二分"，人们"迷信神鬼，迷信物象，迷信运命，迷信强权。全然不认有个人，不认有自己，不认有真理"；但对陈独秀则十分推崇，称之为"思想界的明星"。

7月21日起，《湘江评论》第2、3、4号连载毛泽东《民众的大联合》一文，指出民众大联合是改造国家、改造社会的根本方法，要求工人、农民、学生、教师、警察、车夫各色人等联合起来，这篇文章在当时的进步思想界有相当影响。北京《每周评论》说此文"眼光很远大，议论也很痛快，确是现今的重要文字"。

1919年底，为了把反动军阀张敬尧驱逐出湖南，毛泽东第二次到北京，与李大钊、陈独秀等人见面交谈，并商讨了工读互助团的问题。

转眼间，陈独秀这位"思想界的明星"把《新青年》编辑部带回了上海，带到了渔阳里。

此时，不能说《新青年》已令"全国思想都改观"，至少知识界和学生界已有一大改观。

1919 年 5 月第 6 卷第 5 号发布通告：《新青年》出售合订本预约券，五年来共出 33 本杂志，分五厚册精装，如现在预约，每册 4 元，等印制出来之后再买就是 5 元。这说明《新青年》已经成为具有收藏需求的名刊。

杭州第一师范学生傅彬然说："《新青年》的文章，一开始就吸引着我们，可是在初期，对批判儒家学说和传统的人伦道德那么厉害，在感情上多少还有些接受不了。但是不久以后。完全接受了。"

北京女子高师学生程俊英、罗静轩说："《新青年》等刊物，成为我们必不可少的读物。有的同学把《新青年》从第一期读到最后一期，这使我们文风一变，再也不写堆砌辞藻，空疏无物之古文了。"

1935 年上海亚东图书馆、群益书社重印《新青年》时，胡适题词云：《新青年》是中国文学史和思想史上划分一个时代的刊物。最近二十年中的文学运动和思想运动，差不多都是从这个刊物出发的。我们当日编辑作文的一班朋友，往往也不容易收藏全份，所以我们欢迎这回《新青年》的重印。

蔡元培也为之题词：《新青年》杂志为五四运动时代之急先锋。现传本渐稀，得此重印本，使研讨吾国人最近思想变迁有所依据。甚可喜也。

在陈独秀心目中，《新青年》始终占据着特别重要的位置。1922 年 4 月 29 日，在纪念芜湖科学图书社 20 年的题词中，陈独秀如此写道："这二十年中，孟邹办了个亚东图书馆，我做了几本《新青年》，此外都无所成就。"

《新青年》离开群益书社

　　1920 年 2 月，上海最阴冷的时候，陈独秀抵达这天正是除夕佳节，很多店铺都关门了，街道上显得冷清，只有孩子们在跑来跑去地嬉闹着……陈独秀一个人住进了坐落在汉口路上的惠中旅社。

　　连日奔波，陈独秀受了风寒，患上了感冒，独自一个人过了年，但他并不在乎这些，内心只是思考着中国的未来。1920 年 2 月 23 日，上海《民国日报》刊发对陈独秀的采访，陈独秀说道："北方文化运动，以学界为前驱……其最可痛心为北京市民之不能觉醒。以二十世纪政治眼光观之……仅有学界运动，其力实嫌薄弱，此是太息者也。"这表明他正力求某种巨大的突破，似乎他已感受到那一股将对中国革命进程产生巨大影响并发出独特光亮的铁流正在悄悄地奔涌而来！

　　这一天，陈独秀来到五马路（今广东路），在棋盘街西首找到亚东图书馆，看到玻璃橱窗陈列的《新青年》样刊，陈独秀心中颇为得意。由于他的关系，亚东图书馆这些年"经理北京大学出版书籍"，终于扭亏为盈，搬上了大马路。

　　一见汪孟邹，陈独秀立即示意他不要作声，两人蹑步上楼。在楼上，陈独秀告诉汪孟邹，这次是从北京逃出来的，准备在上海小住数日后前往广州，因为章士钊和汪精卫邀请他去筹建西南大学。

　　亚东图书馆楼上有四间房，汪孟邹于是邀请他搬来相邻而居。住了二十来天，由于广州政潮突起，章士钊发来电报，决定将西南大学校址设在上海，陈独秀不得不滞留于此，并托汪孟邹为自己找一处住所，以便接来正在北京惶惶不可终日的家眷。

此时，陈独秀的老上司柏文蔚被委任为"鄂西靖国军总司令""长江上游招讨使"，已然携眷上任，在上海留下了一处公馆。

汪孟邹给陈独秀出了个主意：要不你给柏文蔚拍个电报，住到柏公馆去？因这一个提议，这间位于环龙路老渔阳里二号的柏公馆，被写进了壮丽的历史。

4月初，陈独秀搬进柏公馆，一座典型的石库门住宅，独门独户，一客厅一厢房，上下二层，楼上是陈独秀卧室，楼下有客堂间，会客室。

环龙路地处法租界，与法国公园（今复兴公园）仅一步之遥，与霞飞路（今淮海路）也不过几分钟路程。一时间，环龙路老渔阳里二号高朋满座，再次变得热闹起来。

起初，最常来往的有邵力子、李汉俊、戴季陶、沈玄庐，他们都住在相距渔阳里不远的三益里。邵力子是上海《民国日报》经理兼总编、副刊《觉悟》主编，戴季陶、沈玄庐则是《星期评论》创办者，李汉俊后来加入的《星期评论》，也是编辑部一大主力。他们几人都曾在日本留学，曾经从日文版的图书中，了解到刚刚兴起的马克思主义，他们的话题离不开苏俄，离不开马克思恩格斯……

4月11日，毛泽东来到上海，找到陈独秀商讨组织"改造湖南联盟"计划。陈独秀不仅积极为毛泽东出谋献策，还谈了自己的建党计划。这一次接触，使得年轻的毛泽东从一个激进的民主主义者向着马克思主义者转变，他后来向斯诺回忆道："陈独秀说他自己的信仰的那些话，在我一生中可能是关键性的一个时期，对我产生了深刻的影响。"

陈独秀此时将视角探向了工人阶级，他把 1920 年第 7 卷第 6 号《新青年》办成劳动者专号，于 5 月 1 日国际劳动节出版。主要文章有陈独秀在上海船务机房工联合会上的演说《劳动者的觉悟》和《上海厚生纱厂湖南女工问题》，以及李大钊《五一运动史》。

在《五一运动史》一文中，刊出了苏俄第一次对华宣言全文，以及十五个团体、八家报刊热烈赞颂这一宣言的文章——这一宣言是历史性的文件，全称为《俄罗斯苏维埃联邦社会主义共和国对中国人民和中国南北政府的宣言》，以苏俄副外交人民委员加拉罕署名，早在 1919 年 7 月 25 日便已发出，郑重宣布苏维埃政府废弃沙皇政府在中国的一切特权和不平等条约。由于中国军阀政府的阻挠，这一宣言迟迟未能在中国报刊发表。《新青年》以不寻常的姿态，对这一宣言报以暴风雨般的掌声。这一不寻常的姿态，表明陈独秀明显地倒向苏俄。诚如蔡和森所言，《新青年》最初曾是"美国思想宣传机关"，后来则既"宣传社会主义"，也宣传过美国"杜威派的实验主义"，而从"劳动节纪念号"开始，"完全把美国思想赶跑了"，"由美国思想变为俄国思想"。

同时，这一期《新青年》还大量篇幅刊载全国各地工人生活和斗争情况的调查报告，反映了革命知识分子到工人中去的初步成果。杂志由此从原来每期 130 至 200 页猛增至 400 多页，更因为内有表格需要用上锌版，纸张排工成本都有增加，群益书社害怕杂志政治倾向太浓惹来麻烦，不仅要求涨价，还想撤掉广告。

事实上，《新青年》初期由于收益不佳，曾在 1917 年停刊半年，同时也导致陈独秀与群益书社一直摩擦不断，他在给同仁的信中曾提及："群益对于《新青年》的态度，我们自己不能办，他便冷淡倨傲令人难堪；我们认真自己要办，他又不肯放手，究竟应如何处置，请速速告我以方针。"

直到 1918 年 1 月《新青年》复刊，"所有撰译，悉由编辑部同人，共同担任，不另购稿"，极大节约了办刊成本；加上编辑部同人的名头极为响亮，鲁迅等人的创作极大增强了文学性和可读性，《新青年》终于突破发行困境，形成了以上海为发行总部，北京为龙头，代派处遍布全国数十个城市书局以及新加坡、日本等地的发行网络，销量大增。

汪原放在《回忆亚东图书馆》中写道："……《新青年》愈出愈好，销数也大了，最多一个月可以印一万五六千本了（起初每期只印一千本）。"

由于多年以来，《新青年》一直保持价格稳定，后期字数增加后，亦以紧凑排版节约成本；邮费也在努力下调，创刊初期邮国内和日本都是 3 分，1919 年国内下调至 1 分半，日本只需 1 分。因此，陈独秀对涨价要求甚为不满，在给胡适写去的一封信中说道："我对于群益不满意不是一天了。最近是因为六号报定价，他主张非六角不可，经我争持，才定了五角；同时因为怕风潮又要撤销广告，我自然大发穷气。冲突后他便表示不能接办的态度，我如何能再将就他，那么万万做不到的。群益欺负我们的事，十张纸也写不完。"

这一次，"劳动节纪念号"成为矛盾激化的导火索。当然，决裂不仅是陈独秀一方面造成的，群益办刊以营利为目的也无可厚非，而《新青年》的宗旨却寄托着陈独秀的宏大抱负，如何能够放弃？事情到了如此地步，群益害怕亏本，而陈独秀从底层读者考虑，不希望加价。汪孟邹两边劝和调停，陈独秀甚至拍起桌子把汪孟邹大骂一通，双方合作就此破裂。

群益书社是《新青年》的产床，为它的出版付出了心血，但理想和资本不可调和，也可理解，只是《新青年》脱离群益后，没有了办刊经费。

陈独秀在致胡适的信中写道："（1）'新青年社'简直是一个报社的名字，不便招股。（2）《新青年》越短期越没有办法。准是八卷一号也非有发行所不可，垫付印刷纸张费，也非有八百元不可，试问此款从哪里来？（3）著作者只能出稿子，不招股集资本，印刷费从何处来？著作者协济办法，只好将稿费算入股本，此事我誓必一意孤行，成败听之。（4）若招不着股本，最大的失败，不过我花费了印章程的九角小洋。其初若不招点股本开创起来，全靠我们穷书生协力，恐怕是望梅止渴。"

陈独秀在上海反复往北京写信，催稿，催款。1920 年 7 月 2 日，陈独秀给高一涵信中说："《新青年》八卷一号，到下月一号非出版不可，请告适之、洛声二兄，速将存款及文稿寄来。"

但是，北京方面的稿子和钱迟迟不来，《新青年》不得不停刊了，它未来的道路该向何处去？

1920 年，第一本红色刊物

四月，阴雨绵绵。

环龙路渔阳里 2 号门前，站着一个中国人，一个外国人。

那个中国人三四十岁年纪，提起大门上的黑铁环，"笃笃"敲起门来。

好一会儿，门打开了。门内一个穿旗袍的女子看看两个陌生人，神情不免警惕起来："你们找谁？"

门外的中国人显得非常有礼貌，说道："请问陈独秀先生是住在此处吧？"

门内女子又打量两人一眼，似乎迟疑了一下，才说道："你们找错了，这里没有陈独秀这个人。"

其实来人并没找错，陈独秀就住在此处，这个女子就是陈独秀夫人高君曼，只是此时距陈独秀逃离北京也才短短两个多月时间，入住柏公馆也才十几天，高君曼带着家少南下来到此处，才刚刚安顿下来，她未免有些惊弓之鸟的情态。

门外的中国人又看了看门牌号，然后又看看高君曼，他显然发现了高君曼心中的疑虑，赶紧从怀中掏出一封信，说道："是北大李大钊先生介绍我们来的，这是李大钊先生给陈独秀先生的信件。"

高君曼一听李大钊介绍来的，脸上立即释然，笑道："你们请等一会。"说着拿起信件上楼去了。陈独秀正在书房上撰述稿件，一看信封上李大钊那熟悉的笔迹，立即下楼，来到门口，对两人说道："请，请进！"

陈独秀从李大钊信中得知，苏俄《生活报》记者吴廷康准备对他进行访问，希望陈独秀接受！

这个吴廷康自然就是那个外国人了，俄文名维经斯基。

1920年3月，俄共（布）中央成立远东局，负责领导同远东地区各国革命者的联系工作。同时，经俄共（布）中央与共产国际协商，派遣代表团前往中国，负责人就是27岁的维经斯基。列宁亲自接见了这个代表团，口授3项任务：同中国社会主义团体联系，组织正式的中国共产党及青年团；指导中国工人运动，成立各种工会；物色一些中国的进步青年到莫斯科东方大学学习，并选择一些进步分子到苏俄游历。

维经斯基此前在海参崴从事共产国际的工作，负责远东事务，并在北美生活过，具有敏锐的政治思维。他不会汉语，但对中国的历史、中国的问题颇有研究，对辛亥革命和五四运动的情况也掌握得很充分。

他到北京先访问了李大钊，谈得很融洽，对李大钊评价也很高。访问结束后，他让李大钊找了一些参加过五四运动、新文化运动的学生，如张国焘、罗章龙、李梅羹、刘仁静等人参加会面。维经斯基在座谈会上说道，你们在座的同学参加了五四运动，又在研究马克思学说，你们都是当前中国革命需要的人才，并暗示道，中国应有一个像俄国共产党那样的组织。

此时，维经斯基并没有公开自己的真正身份，李大钊对他也不了解，但听到他的暗示，不由得想到和陈独秀的约定……

恰好，维经斯基问道："李先生，我们很快会去上海，不知您能否介绍一下在上海我们可以去访问一些什么人？"

李大钊听了，连忙说道："维经斯基先生，我们《新青年》杂志的创始人、主编陈独秀先生此时正在上海。"

"我也早已听说过陈独秀先生的大名，不知李先生能否代为介绍？"维经斯基问道。

"行，行。我写一封亲笔信给他，你带在身边。他看了信，就会愿意接受你的采访。"李大钊非常热诚地说道。

就这样，梅雨时节，维经斯基来到上海，公开使命是组建一个通讯社，秘密的使命则是"考察在上海建立共产国际东亚书记处的可能性"。同行的有维经斯基之妻库兹涅佐娃，刚从海参崴赶来的萨赫扬诺娃，以及翻译兼助手杨明斋。

陈独秀和维经斯基一见面，两人就坦诚地交谈起来，陈独秀表明了他对俄国革命的格外关注，两人颇有些相见恨晚的感觉，杨明斋做他们的翻译。

在见面中，维经斯基向陈独秀介绍了十月革命，和苏俄现行的各项政策，如土地法，工矿企业、银行等收归国有，工厂实行工人监督与管理，以及列宁提出的电气化宏伟规划等，还讲到了苏俄在十月革命胜利后遭遇到的种种困难，以及在那时不得不实行军事共产主义、余粮征集制等等。

能作为维经斯基的翻译和助手来华，表明杨明斋也是个了不得的人物。

杨明斋，山东平度人，出身于一个贫苦家庭，早年移民至海参崴谋生，十月革命后加入布尔什维克党，进莫斯科东方大学学习，是中国最早的俄共（布）党员之一。

9月间，杨明斋负责筹办并担任校长的外国语学社成立，这所学校的主要目的，就是输送革命青年赴苏俄深造，以储备中国革命的干部力量，俞秀松兼任秘书。

外国语学社和8月间成立的社会主义青年团在一起办公，设在霞飞路（今淮海中路）新渔阳里6号，门上挂一块"外国语学社"的木牌子，以方便工作。同时，这里还是华俄通讯社、教育委员会等机构的地址。华俄通讯社是共产国际在中国首先建立起来的一个工作机构，杨明斋兼任社长。

这是一幢2楼2底的石库门建筑，原为戴季陶居处。上海早期共产党人经常在陈独秀寓所进行活动，维经斯基见此处更为宽阔，遂渐成为上海共产党早期组织的重要活动场所。而且，这里离陈独秀寓所也很近，来往方便。楼上是各机关的办公地，也是俞秀松、李启汉、刘少奇、许之桢、柯庆施等少数学生的宿舍，杨明斋则一个人住在亭子间里；楼下是教室，不上课时用作其他活动。

后来，外国语学社曾分三批选派三十多名学生赴苏俄学习，包括刘少奇、任弼时、萧劲光、罗亦农、彭述之、汪寿华、曹靖华、韦素园、柯庆施等人，其中不少后来成为中国共产党的重要人物。

外国语学社为中国共产党的早期建设和干部培养作出了重要贡献，被誉为党的第一所干部学校，首批赴苏学习的学生曹靖华后来回忆称：杨明斋为"渔阳里开辟了一代人的道路"，"为中国人民铸造了一批英雄，一批顶天立地的人"。

在杨明斋的帮助下，1920年春夏之间，陈独秀、李汉俊等人经常和维经斯基见面、交流、讨论。维经斯基所介绍的情况，使他们耳目为之一新，从而对苏俄的政治、经济、军事和文化都有了一个比较清楚的认识，看到了一个新型的社会主义国家的大致面貌。

而维经斯基从陈独秀、李汉俊等人身上，看到了他们对马克思主义和俄国布尔什维克的极大热情，于是公开了自己的身份。

此时社会主义在国人心目中已有很大影响，邵力子在上海

《民国日报》的《觉悟》副刊上发表《主义与时代》一文，声称：
"这决非单为好奇的心理所促成，实在是时代潮流中已有需要这
个主义的征兆。"

于是，陈独秀也很坦诚，介绍了自己早前和李大钊的约
定——建立中国布尔什维克政党的愿望。自此之后，在维经斯基
的协助之下，中国共产党的筹建工作，大力向前推进。

经过他们数次热烈的商议，出色的组织，大约在 1920 年 5
月，陈独秀在上海秘密发起"马克思主义研究会"，作为成立共
产党组织的先期阵地，以便于联络同志，传播思想。参加者有李
汉俊、陈望道、邵力子、沈雁冰等人。

维经斯基在给俄共（布）的一封信中写道："自我寄出第一封
信后，仅在加强联系和完成我拟定的计划方面，工作有些进展。
现在实际上我们同中国革命运动的所有领袖都建立了联系，虽然
他们在汉口、广州、南京等地尚未设代表处，但我们在那里的工
作，可以通过一些朋友即当地的革命者立即得到反映。……目
前，我们主要从事的工作是把各革命团体联合起来组成一个中心
组织。'群益书店'可以作为一个核心把这些革命团体团结在它
的周围。中国革命运动最薄弱的方面就是活动分散。为了协调和
集中各个组织的活动，正在着手筹备召开华北社会主义者和无政
府主义者联合代表会议。当地的一位享有很高声望和有很大影响
的教授（陈独秀），现写信给各个城市的革命者，以确定会议的
议题以及会议的地点和时间。因此，这次会议可能在 7 月初举
行。我们不仅要参加会议筹备工作（制订日程和决议）而且要参
加会议。"

维经斯基后来被认为是"在北京和上海与中国共产主义者直
接联系的第一个苏联党员"，苏俄向中国派出的第一位"使者"。

后因回国汇报，未能参加中共一大，但他为上海共产党早期组织的各项工作付出了努力，也为中共一大的召开打下了坚实基础，且后来作为共产国际代表多次来华，因而一些建党亲历者称他为协助中国共产党成立的"最初且最有贡献的一个人"。

而维经斯基对陈独秀评价极高，在给共产国际和俄国共产党的信中，他盛赞陈独秀是"当地的一位享有很高声望和有很大影响的教授"，"一位享有声望的中国革命者"。

陈独秀、李汉俊、俞秀松、施存统、陈公培5人遂开始中共筹建工作，1920年8月，在法租界老渔阳里2号陈独秀住宅，也就是《新青年》编辑部，正式成立共产党早期组织，参加者基本上都是出版人，事实上，各地共产党早期组织成员中很多都是也是传播马克思主义的出版人，是火种传递者，如北京的李大钊，湖南的毛泽东等人，这表明了中国共产党与出版业的紧密联系！

巧合的是，维经斯基在陈独秀住所第一次看到了《新青年》。据参加了中共一大的包惠僧对陈独秀住所的描述："楼上的统厢房是陈独秀夫妇的卧室，统楼是陈独秀的书房，书柜书架堆满了书，排列在东北二方，靠南的窗下有张写字台，写字台的两边都有椅子，另有一方靠壁有张小圆桌，圆桌靠壁的南北各有椅子一张，我记得家具都是很普通的。陈独秀夫妇的卧室在当时的眼光看起来算是很漂亮，有铜床、有沙发、有梳妆台、有写字台，壁上还挂了几张精致的字画。""楼下的堂屋是堆满了《新青年》杂志和新青年社出版的丛书，统厢房前半间有一张假红木的八仙桌，有几把椅子，也有几张凳子，没有什么红木家具。"

杨明斋向维经斯基介绍这本杂志的"丰功伟绩"，维经斯基拿起杂志翻了翻，问了一些情况，《新青年》的困境由此得到了破解。

有一个说法，俄共（布）此时在上海成立了革命局，下设出版部、宣传报道部和组织部，并在学生和工人中进行一系列活动。《新青年》的出版顺理成章进入出版部的工作议程，受到维经斯基所代表的共产国际的资助。

《新青年》最早关注马克思主义，在 1918 年 11 月 15 日出版的第 5 卷第 5 号中发表了李大钊《庶民的胜利》和《布尔什维主义的胜利》两篇文章，作出了中国必将走上马克思主义道路的第一个天才预言。

《庶民的胜利》是为庆祝第一次世界大战协约国胜利而作，也是他在北京大学 11 月 14 日演说大会，以及 11 月 29 日于中央公园（今中山公园）举办庆祝第一次世界大战协约国胜利大会上所作的讲演。在这篇讲演中，他认为第一次世界大战协约国的胜利标志着"新纪元的世界改造，就是这样开始"。并指出："这劳工的能力，是人人都有的，劳工的事情，是人人都可以作的，所以劳工主义的战胜，也是庶民的胜利。"

在《布尔什维主义的胜利》一文中，李大钊热情洋溢地为布尔什维主义高唱赞歌："二十世纪的群众运动，是合世界人类全体为一大群众。这大群众里边的每一个人一部分人的暗示模仿，集中而成一种伟大不可抗的社会力。这种世界的社会力，在人间一有动荡，世界各处都有风靡云涌、山鸣谷应的样子。在这世界的群众运动的中间，历史上残余的东西——什么皇帝啊，贵族啊，军阀啊，官僚啊，军国主义啊，资本主义啊——凡可以障阻这新运动的进路的，必夹雷霆万钧的力量摧拉他们。他们遇见这种不可当的潮流，都像枯黄的树叶遇见凛冽的秋风一般，一个一个的飞落在地。由今以后，到处所见的，都是 Bolshevism 战胜的旗。到处所闻的，都是 Bolshevism 的凯歌的声。人道的警钟响了！

自由的曙光现了！试看将来的环球，必是赤旗的世界！"令人有一股拨云见日之感。

到了 1919 年 5 月，《新青年》第 6 卷第 5 号推出"马克思主义研究专号"，发表李大钊《我的马克思主义观》，介绍马克思主义的唯物史观，经济理论和社会主义思想，翻译了《共产党宣言》的片段，认为这是"改造世界的新纪元"。

此外，该号刊登了刘秉麟《马克思传略》，顾兆熊《马克思学说》，比较详细地介绍了马克思的生平与《共产党宣言》《政治经济学批判》《资本论》等著作。

改变之路，任重道远。1920 年 9 月，《新青年》第 8 卷第 1 号终于出版，是共产国际解决了《新青年》的经费，这一期还开辟了"俄罗斯研究"专栏，作者李季、李汉俊、杨明斋、周佛海、李达、沈玄庐、沈雁冰、陈望道、沈泽民、陈公博、施存统等人，当时都信奉马克思主义，《新青年》就此成为上海共产党早期组织机关刊物，也是中国第一本红色刊物。

该号开篇发表陈独秀《谈政治》一文："有人说《新青年》不讨论政治问题，是一个很大的缺点，对这个问题不能十分满足，由此可以表明我对政治的态度，一方面固然不以绝口不谈政治为然，一方面也不愿意和一班拿行政或做官弄钱当作政治的先生们谈政治。"

文中也谈到了阶级战争的必要性："若不经过阶级战争，若不经过劳动阶级占领权力阶级地位底时代，德谟克拉西必然永远是资产阶级底专有物，也就是资产阶级永远把持政权抵制劳动阶级底利器。"

李达此时参与《新青年》编辑工作，相继在《新青年》上发表了《劳工神圣颂》（第 8 卷第 4 号）、《讨论社会主义并质梁任公》（第 9 卷第 1 号）、《马克思派社会主义》（第 9 卷第 2 号）等宣传马克思主义的文章，以及多种译著……

由于《新青年》着力于"树旗帜"的新办刊方针，"不是把旧的都排出去，而是把新的放进来，把马克思主义的东西放进来，先打出马克思主义的旗帜"，在马克思主义这片新空间里，开疆破土，宛如巨龙咆哮，影响着众多中共早期共产党员。

毛泽东后来在回忆中说："《新青年》是有名的新文化运动的杂志，由陈独秀主编。当我在师范学校做学生的时候，我就开始读这一本杂志。我特别爱好胡适、陈独秀的文章。他们代替了梁启超和康有为，一时成了我的模范。""有很长一段时间，每天除上课、阅报以外，看书，看《新青年》；谈话，谈《新青年》；思考，也思考《新青年》上所提出的问题。"

7 月 31 日，毛泽东在湖南长沙发起文化书社，发售最好的刊物有《新青年》《劳动界》《新生活》等。其中《新青年》第 8 卷第 1 号，售出 165 份。第 8 卷第 2 号 155 份。《劳动界》1 至 9 号各售出 130 份。当时长沙《大公报十周年纪念特刊》出版，其中一篇文章，回忆湖南近年来的新文化运动，特别指出："杂志影响最巨者为《新青年》，销行新出版物最力者为文化书社。"

周恩来早在东渡日本留学时，曾称"《新青年》对他产生了巨大的影响"。他曾在日记中写道："晨起读《新青年》，晚归复读之。于其中所持排孔、独身，文学革命诸主义极端的赞成。"

入门老师《共产党宣言》

上海《民国日报》刊载陈独秀抵沪谈话过去几天后，主编邵力子坐黄包车来访，和陈独秀寒暄几句后，邵力子告诉他，戴季陶准备请人翻译《共产党宣言》，以便在《星期评论》上刊载。

《共产党宣言》最早于 1848 年 2 月以德文发表，是马克思、恩格斯为共产主义者同盟起草的纲领，它的出现具有划时代的历史意义，标志着马克思主义的诞生。

"一个幽灵，共产主义的幽灵，在欧洲徘徊。"《共产党宣言》第一句话就有着宣言式的气势，果然，这篇宣言很快就风靡了整个欧洲，1850 年出版了英译本；1860 年，出版了俄文版，此后三十年里，丹麦文版、法文版、西班牙文版、波兰文版、意大利文版，马克思主义席卷欧洲大陆……

遥远东方的中国，长久以来处于封闭状态，直到 19 世纪末 20 世纪初，马克思之名和《共产党宣言》的只言片语才传入进来。

1898 年夏，上海广学会出版英国人克卡朴所著《泰西民法志》（胡贻谷译），系统讲解各种社会主义学说，其中写道："马克思是社会主义史中最著名和最具势力的人物，他及他同心的朋友昂格思都被大家认为'科学的和革命的'社会主义派的首领。"这是马克思和恩格斯（昂格思）的名字首次在我国出现。

1899 年 2 月至 5 月，上海广学会主办的《万国公报》，连载李提摩太、蔡尔康合译的英国颉德（今译基德）所著《社会演化》前三章，其中谈道："马克思之言曰：'纠股办事之人，其权笼罩五洲，突过于君相之范围一国。'"这段话出自《共产党宣言》，现在通行的译文是："资产阶级，由于开拓了世界市场，使一切国家的生产和消费都成为世界性的了。"这就是在我国对《共产党宣言》的最早介绍。

五四运动前后，马克思主义在文化界一举成为新潮，梁启超、李大钊、张闻天、成舍我等都曾在他们的文章中摘译、引用过《共产党宣言》片段；李汉俊、朱执信等也在报刊上介绍过相关章节。

1919 年 5 月，《新青年》推出"马克思主义研究"专号，李大钊发表了文章《我的马克思主义观》，在介绍马克思的唯物史观时，他摘译和引用了《共产党宣言》第一章大部分内容，影响极大。

将《共产党宣言》全部译成中文，已然成为许多走在时代前列的知识分子的迫切愿望。

这当中，戴季陶等人最为迫切，因为戴季陶、沈玄庐创办的《星期评论》，常介绍、研究国内外劳工运动，宣传社会主义新思潮，与陈独秀、李大钊主编的《每周评论》被时人誉为"最亮的两颗明星"。《星期评论》最大发行量达数万份，影响极深。他们认为，把马克思主义经典著作完整地译成中文"已是社会之急需，时代之召唤"。

邵力子看着陈独秀，说道："季陶早在日本时就筹划把《共产党宣言》译成中文了，可惜，那本书虽然短小精悍的一篇，翻译难度却是相当高，文章气势磅礴，文字精练，富有文采，又富有鼓动性，要做到信达雅，不仅得谙熟马克思主义理论，还得有相当高的中文文学修养不可。前些天他跟我商量，准备物色合适的译者，翻译这篇文字，在《星期评论》上连载。"

陈独秀还在北京时，就和李大钊一起读过《共产党宣言》英文版，两人一致认为应该尽快将这本书译成中文。此时，听邵力子如此说，赶紧道："这是大好事啊，欲知马克思主义为何物，欲知共产党是什么样的政党，非《共产党宣言》这把钥匙不可，应该尽快寻找译者。"

"早有了，我向他推荐了杭州的陈望道。望道乃我挚友，常为《觉悟》副刊撰稿，文字功底不凡，当能胜任，而且他已同意此事。"

陈独秀大喜过望，问道："不知准备以哪样语言的版本来翻译？"

邵力子说道："是戴季陶从日本带回来的一本日文版。"

"刚好，我这里有一本英文版的《共产党宣言》，是从北大带回来的，你转交陈望道，可以相互对照着翻译。"

"那太好了，事不宜迟，我这就过去，把两本翻译底本寄给望道。"邵力子当即告辞而去。

陈望道，原名陈参一，浙江义乌人。在 16 岁时，他翻山越岭去义乌绣湖书院，学习数学和博物。中学毕业后准备留学欧美，于是到上海来进修英语。但限于经济条件等原因，欧美之旅未能成行，却于 1915 年去了日本，抵达东瀛后，他结识了日本著名进步学者河上肇等人，在阅读其译介的马克思主义著作后，陈望道逐渐明白了这样一个道理："救国不单纯是兴办实业，还必须进行社会革命。"

1919 年，陈望道于"五四"前夕回到杭州，进入浙江第一师范学校任教。当时知识界的活跃程度，北京、上海、长沙、杭州、广州、武汉等地领一时风骚。陈望道和夏丏尊、刘大白、李次九等语文教师，受浙江一师校长经亨颐支持，大张旗鼓革新国文教育，提倡白话文，倡导自由平等思想，将一师变成浙江新文化运动中心，他们四人因此被称为一师的"四大金刚"。

这年 11 月，一师学生施存统、俞秀松等创办《浙江新潮》周刊，宣传社会主义思潮，后施存统撰写《非孝》一文，在《浙江新潮》第 2 期刊出，文章猛烈抨击封建家庭伦理，引发轩然大波。浙江教育厅将之视为洪水猛兽，下令查禁周刊，开除施存统、俞秀松，查办陈望道、夏丏尊、刘大白、李次九，一师校长经亨颐不接受教育厅命令，被撤去校长职务，陈望道等人也随之离去。

一师学生关起铁门拒绝新校长，发动请愿，要求当局收回成命。浙江督军卢永祥派军警包围一师，甚至殴伤学生，引起全杭州师生公愤。一师以外的学生，也带了铺盖到一师支援，北大学生会来电鼓励一师：百折不挠，誓为后盾……"一师风潮"震动神州。

陈望道离开一师后，不免茫然，收到邵力子电报后，这才安下心来。

译书需要一个清静的所在，一收到邵力子寄来的两本《共产党宣言》，陈望道就回到家乡义乌市分水塘村，在陈家新居不远处的老宅安营扎寨，开始翻译。

田野边缘，一间覆上绿苔的老屋子，柴火堆了大半间，墙角布满蜘蛛网，陈望道在柴堆旁摆上两条长板凳，铺上板架，权当书桌，垒上几块砖头，以稻草铺设，就当作凳子了。

他一日三餐和茶水均由母亲送来，就在这间柴屋里专心致志译书，一盏昏黄的煤油灯在这寂静的小村庄，在这冷冰冰的柴屋里，燃过一个又一个不眠之夜。

板架上一共有四本书，两本《共产党宣言》，一本《日汉辞典》、一本《英汉辞典》，陈望道在料峭春寒里，埋头其间，已忘了天上人间。

谷雨时节，草长莺飞，满眼春色，陈望道终于完成了《共产党宣言》的译著，实在是"费了平常译书的五倍工夫，把彼底全文译了出来"。

4月，《星期评论》编辑部发去电报，邀请陈望道赴申城，接替回广州的戴季陶担任该刊编辑，陈望道带着译稿，望一眼周遭山峦，离开村子，前往上海，住进三益里的《星期评论》编辑部，也常去陈独秀的住所。

拿到最终的译稿时，陈独秀和通晓日德英法四国语言的李汉俊对《共产党宣言》进行了校阅。陈望道的译文如行云流水一般，语势连贯宏大，文字简洁凝练。陈独秀读到最后，大声吟诵："万国劳动者团结起来呵！"不禁拍案叫绝。

其后，《共产党宣言》译稿经陈望道多次修改校对，刊载在望。谁知当局对《星期评论》实施邮检，刊物于6月宣布停刊。煞费苦心译成的书稿将无缘问世了，这让陈望道心急如焚。

陈独秀当即拍板，以"社会主义研究社"的名义对外公开出版《共产党宣言》。

"万事俱备只欠东风"，印刷机构和费用问题如何落实？这倒难住了陈独秀。正在上海的维经斯基得知《共产党宣言》中文版的出版遭遇资金瓶颈时，马上从带来的活动经费中拿出2000元给了陈独秀。

陈独秀找到郑佩刚，让他负责租一处房产，成立一家秘密的印刷所。郑佩刚曾对此回忆道："委我全权负责。我便在辣斐德路成裕里租一房子，建立'又新印刷所'（即'日日新又日新'之意）。"

又新印刷所旧址位于辣斐德路成裕里，即今上海市复兴中路221弄12号，处在顺昌路、复兴中路交界处，是一幢坐南朝北的两层旧式砖木结构石库门里弄建筑，后改为三层。

8月间，《共产党宣言》终于付梓出版，这是《共产党宣言》中文首译本，也是又新印刷所开机印制的第一本书，这本书比如今市面上的小32开本小一些，全书共56页，用5号铅字排印，浅红色封面印着马克思半身坐像，画像上方四行繁体字，最上面一行是"社会主义研究小丛书第一种"，第二行书名"共党产宣言"，第三行作者"马格斯、安格尔斯合著"，最下面一行是"陈望道译"。书名上，"产"和"党"两个字颠倒了顺序，应该是排版错误，这也为后人鉴别《共产党宣言》的最初版本提供了依据。

《共产党宣言》一经问世，初版印刷的1000册很快便告售罄。9月，勘误后的第二版迅速印刷出版，随即又是销售一空，此后无数次再版。

当时，许多读者苦于找不到"社会主义研究社"地址，纷纷写信给《民国日报》编辑部，询问发行处在哪里。

9月30日，沈玄庐在《民国日报》"觉悟"副刊上，复信巧妙回答读者："你们的来信问陈译马克思《共产党宣言》的买处，因为问的人太多，没工夫一一回信，所以借本栏答复你们问的话：一、'社会主义研究社'，我不知道在哪里。我看的一本是陈独秀先生给我的；独秀先生是到'新青年社'拿来的，新青年社在法大马路大自鸣钟对面。二、这本书底内容，《新青年》、《国民》——北京大学出版、《晨报》都零零碎碎地译出过几本或几节的。凡研究《资本论》这个学说系统的人，不能不看《共产党宣言》，所以望道先生费了平时译书的五倍功夫，把彼底全文译了出来……"

借着《共产党宣言》的火爆销售，又新印刷所趁势而上，印刷了《马克思资本论入门》等一批书籍，为马克思主义在中国大地上的广泛传播作出了重大贡献。

中国共产党从来重视教育和思想的启迪，早期在上海开展的工作很多都还是启蒙性质的，以启发和培养工人和平民的阶级觉悟。1921年春节，马克思主义研究会策划了一张贺年片，在正面写上"恭贺新禧"四个字，背后印上选自《共产党宣言》的口号，到处分发，免费送出一万多张贺年片，共产主义的信仰之火，从上海这个国际交通要塞开始，四处燎原。

陈望道翻译的《共产党宣言》中文版，成为了"唤醒中国这头睡狮最为嘹亮而有力的号角"。

8月17日，维经斯基在给共产国际的信中写道："中国不仅成立了共产党发起小组，而且正式出版了中文版的《共产党宣言》。中国革命的春天已经到来了。"

鲁迅拿到散发着油墨清香的《共产党宣言》，仔细阅读一遍，赞赏有加："现在大家都在议论'过激主义'来了，但就没有人切切实实地把这个'主义'真正介绍到国内来，其实这倒是当前最紧要的工作。望道在杭州大闹了一阵之后，这次埋头苦干，把这本书译出来，对中国做了一件好事。"

1924年秋，周恩来担任黄埔军校政治部主任，极力推介《共产党宣言》，要求学员"虚心求学，努力研究主义，将革命思想传到全中国"。在他的推动下，《共产党宣言》在黄埔军校学员中散发。

1926年，周恩来在《现时政治斗争中之我们》一文里，引用陈望道所译《共产党宣言》中的一句话："共产党最鄙薄隐蔽自己的主义和政见"，极为鲜明地表达了周恩来一生坦荡的人格魅力。在周恩来看来，《共产党宣言》所宣传的马克思主义如同"一线阳光穿云出，愈见姣妍"。

后来，在和美国记者李勃曼谈话时，周恩来回忆道："在国内曾看到《共产党宣言》，在法国又开始读到《阶级斗争》与《共产主义宣言》，这些著作对我影响很大"，"所以很短时间内，即转变到马克思的唯物主义了"。

毛泽东也是《共产党宣言》中文首译本的拥趸，1936 年 7 月，他对斯诺袒露自己思想成长的心路历程："有三本书特别深地铭刻在我的心中，建立起我对马克思主义的信仰。我一旦接受了马克思主义是对历史的正确解释以后，我对马克思主义的信仰就没有动摇过。"毛泽东把陈望道翻译的《共产党宣言》排在三本书首位。"这三本书是：《共产党宣言》，陈望道译，这是用中文出版的第一本马克思主义的书；……到了 1920 年夏天，在理论上而且在某种程度的行动上，我已成为一个马克思主义者了，而且从此我也认为自己是一个马克思主义者了。"毫无疑问，陈望道的这本译著，为中共的建立和发展奠定了坚实的思想底座。

1992 年春天，邓小平在南方谈话时曾这样说："我的入门老师是《共产党宣言》！"

李达婚房和《共产党》月刊

上海，1920年8月，烈日炎炎之下，一个戴着细圆眼镜、三十来岁的单瘦男子，奔走在渔阳里的石库门弄堂，他不时取下眼镜，用衣角拭去镜片上的汗迹。

此人便是李达，带着"寻找同志干社会革命"的目的，他从日本蹈海归来，前去拜访久闻大名的陈独秀。

李达，号鹤鸣，湖南零陵（今冷水滩市）人，同乡毛泽东尊称他为"鹤鸣兄"。1905年考入零陵县永州中学，1909年考入京师优级师范，早年受爱国主义熏陶，追求思想进步，立志教育救国。1913年，李达23岁，考取湖南留日官费生，后回国养病。1917年再次赴日，考入日本第一高等学校（即东京帝国大学预科）学习理科。

1918年5月，段祺瑞政府与日本政府签订《中日共同防敌军事协定》，准许日本假道东三省进攻苏联。留日学生义愤填膺，他们组织"留日学生救国团"，罢学回国，分赴北京、上海等地开展救国运动，李达作为"先发队"一员，开展联络和组织工作，以向"当局哀求拒约"。

5月21日，留日学生和北京大学的学生总计约2000人正式向段祺瑞政府请愿，但活动很快以失败告终。对此，李达曾回忆说："这次挫折，使我们深切地觉悟到：要想救国，单靠游行请愿是没有用的；在反动统治下'实业救国'的道路也是一种行不通的幻想。只有由人民起来推翻反动政府，像俄国那样走革命的道路。而要走这条道路，就要加紧学习马克思列宁主义的理论，学习俄国人的革命经验。"

回到日本，李达开始专攻马克思主义，为国内报刊撰写了大批有关文章，1919 年 6 月 18 日和 19 日在上海《民国日报》"觉悟"副刊发表《什么叫社会主义》《社会主义的目的》，为陈独秀所赏识。

李达身上深具知识分子气息，张国焘在回忆录中就称他"是一个学者气味很重、秉性直率的人，有一股湖南人的傲劲，与人谈话一言不合，往往会睁大双目注视对方，似乎怒不可遏的样子。他的简短言词，有时坚硬得像钢铁一样"。

后来，李达和陈独秀因理念和性格关系，闹得很僵，但是两人第一次见面印象很好，考虑到李达刚回国，需要有个住处，陈独秀建议道："你搬过来，到我这儿住，帮我编《新青年》!"就这样，为方便工作，李达住进了渔阳里《新青年》杂志社。

秋高气爽，沁人心脾。

这天，陈独秀告诉李达，自己正和李汉俊等人筹建中国共产党，邀请李达"作发起人"，李达对此的回忆说："我回到上海以后，首先访问陈独秀，谈起组织社会革命党派的事，他说他和李汉俊正在准备发起组织中国共产党，就邀请我参加，做了发起人，这时的发起人一共是八人，即陈独秀、李汉俊、沈玄庐、陈望道、俞秀松、施存统（当时在日本）、杨明斋、李达。每次开会时，吴廷康（即维经斯基）都来参加。"

此时，李达还是留日学生理事，为参加中国学生联合会的领导工作，和上海中华女界联合会在工作上有些来往，在那里结识了做文秘工作的王会悟。

王会悟，浙江乌镇人，沈雁冰（茅盾）是她的同学，也是她的表侄。

王会悟的父亲王彦臣是晚清秀才，为女儿命名会悟，取意于《南史·羊玄保传》"府公王弘甚知重之，谓左长史庚登之、吏部尚书王准之曰：'卿二贤明美朗诣，会悟多通'"之典，希望女儿明美聪慧。又取清代李斗《扬州画舫录·草河录下》"学者得以矩矱，参以会悟，破除俗师相传之陋"之意，希望女儿破旧革新。

　　王会悟后到湖州一所美国人办的教会学校胡郡女塾攻读英语，起初她半工半读，一边念书、一边给学校打扫卫生，后来给学校牧师的夫人们当起了中文老师。在这里，王会悟接触到《新青年》杂志，1918 年 1 月《新青年》第四卷第一号改用白话文后，王会悟提笔用白话文大胆地给陈独秀等社会名流写信，赞成提倡白话文，拥护新思想和新文化运动，令她意外的是，陈独秀还给她回信："没想到我们的新思想都影响到教会学堂了"，并夸奖王会悟"有胆识"。

　　结束湖郡女校的学业后，王会悟经表侄沈雁冰介绍，来到上海，成为上海中华女界联合会会长徐宗汉先生的秘书，帮助徐宗汉整理文件，协助做一些接待、抄写工作。

　　李达第一次来访时，徐宗汉对王会悟说道："这位是李达，李鹤鸣先生，可是位满腹经纶的大才子！你不是蛮喜欢他的文章嘛，以后多向鹤鸣先生学习！"

　　王会悟一听，顿时想起了什么。前段时间，她在帮徐宗汉整理文件时，发现一本《解放与改造》的杂志，随手翻翻的时候，一篇署名李鹤鸣的文章《女子解放论》映入眼帘，顿时吸引了她的注意。在文章中，作者大声喊出了"女子也是'人'！"提出了世界"男女共有"的思想。看得王会悟热血沸腾，心潮澎湃，作者好像是说出了她心中想要说但却没找到合适语言表达出的情感，字字珠玑般敲击着她的心灵。

王会悟操着浙江桐乡口音说道："日后请鹤鸣先生多指教。"

"不敢当，不敢当。"李达连忙操着浓重的湖南口音答道。

两人会心一笑，恐怕心里都在说，这位先生（小姐）的口音好重啊！总之，他们一个浙江人，一个湖南人，语言交流不畅，最初是用笔在纸上进行交流，"多呈写字谈"，王会悟称其为"笔谈恋爱"，虽然麻烦了一些，还是颇为浪漫。

11月7日，老渔阳里2号，李达、王会悟举行了简单的婚礼，新房就是《新青年》杂志编辑部。

同一天，上海共产党早期组织创办、李达主编的《共产党》月刊出版，这是中国共产党发起的第一个党刊，第一次打出了"共产党"的旗帜，于是婚房也成为《共产党》月刊编辑部的诞生地。

他们特意选择这天结婚，因为这是十月革命胜利三周年的日子。三年前的1917年11月7日，俄历10月25日21点45分，停泊在涅瓦河上的"阿芙乐尔号"巡洋舰在夜色中发出一声炮声，打响了十月革命武装起义的第一炮。第二天，全俄苏维埃代表大会宣布组成以列宁为主席的第一届苏维埃政府——人民委员会，由此，世界上第一个社会主义国家宣告诞生。十月革命一声炮响，为中国送来了马克思列宁主义，也为中国的进步知识分子指明了方向。

如雨后春笋一般，各地相继建立了共产党早期组织，建立全国统一性质的共产党这一任务就显得极为紧迫。根据维经斯基所介绍的俄国革命的经验，列宁1900年创办秘密性质的《火星报》，团结了大批马克思主义者，对俄国革命政党的形成具有非常重要的意义。因此，建立一个刊物，统一思想认识，也是中国马克思主义者最为关键的一步。

经过准备，《共产党》月刊应运而生，这本刊物为16开本，每号50页左右，前3号由《短言》、正文和《世界信息》三部分构成，从第 4 号开始增加了《国内消息》栏目。

《短言》类似今天报纸上的短评或社论，陈独秀在第 1 号发表的《短言》上说：

> 经济的改造自然占人类改造之主要地位。吾人生产方法除资本主义及社会主义外，别无他途。资本主义在欧美已经由发达而倾于崩坏了，在中国才开始发达，而他的性质上必然的罪恶也照例扮演出来了。代他而起的自然是社会主义的生产方法，俄罗斯正是这种方法最大的最新的试验场。意大利的社会党及英美共产党，也都想继俄而起开辟一个新的生产方法底试验场。

> 中国劳动者布满了全地球，一日夜二十四小时中太阳都照着我们工作。但是我们无论在本土或他国都没一个是独立生产者，都是向资本家卖力。我们在外国的劳动者固然是他们资本家底奴隶，在本土的劳动者也都是本国资本家底奴隶或是外国资本家底直接的间接的奴隶。要想把我们的同胞从奴隶境遇中完全救出，非由生产劳动者全体结合起来，用革命的手段打倒本国、外国一切资本阶级，跟着俄国的共产党一同试验新的生产方法不可。什么民主政治，什么代议政治，都是些资本家为自己阶级设立的，与劳动阶级无关。什么劳动者选议员到国会里去提出保护劳动底法案，这种话本是为资本家当走狗的议会派替资本家做说客来欺骗劳动者的。因为向老虎讨肉吃，向强盗商量发还赃物，这都是不可能的事。

> 我们要逃出奴隶的境遇，我们不可听议会派底欺骗，我们只有用阶级战争的手段，打倒一切资本阶级，从他们手抢

夺来政权；并且用劳动专政的制度，拥护劳动者底政权，建设劳动者的国家以至于无国家，使资本阶级永远不至发生。无政府主义者诸君呀！你们本来也是反对资本主义反对私有财产制的，请你们不要将可宝贵的自由滥给资本阶级。一切生产工具都归生产劳动者所有，一切权都归劳动者执掌，这是我们的信条；你们若非甘心纵容那不肯从事生产劳动的资本家作恶，也应该是你们的信条。

这篇《短言》要求劳动者联合起来、建立劳动者的政权，并将之作为一切劳动者的信条。它表明了共产党领导劳动者，推翻旧制度，改变旧的社会制度，建立属于自己政权的新型国家的追求，提出了无产阶级专政以解决中国问题的观点，可见《共产党》创刊之始，就通过《短言》表明了它的办刊宗旨——建立无产阶级政党！

《短言》的文章篇幅短小，语言犀利，针对性强，既宣传中国共产党的正确主张，又批判各种错误思潮。如第 4 号《短言》中，针对欧洲有许多报纸常说，共产党是什么一个怪物，有何魔力，使他们的党在欧美各国都有一日千里之势，《短言》回答道："资本主义不能够解决现社会致命的困难，维系现社会最大多数的人心……继它而起的，无政府主义，除无政府党外，都觉得他是个没有方法实现的空想……共产党和议会派不同底要点，是主张阶级战争……共产党底根本主义，是主张用革命的手段改造经济制度，就是用共产主义的生产制度来代替资本主义的生产制度。"

第 5 号的《短言》上，李达则写道："我们共产党在中国有二大使命：一是经济的使命，一是政治的使命。"在谈及中国共产党的政治使命时，李达指出，君主专制的苦滋味，中国人尝得最足了。而代议制则显出各种怪状丑态，与中国实为"无缘"。在中国向何处去的"彷徨歧路之中"，真正有诚意、有能力、有正大光明的态度，敢于"挺身出来，硬起铁肩"，担起"改造政党改造政治改造中国的大责任"的，只有中国共产党。这表明中国革命的迫切需要就是建立中国共产党，这就回答了"为什么建党"的问题。

作为中国共产党筹建时期的理论机关刊物，《共产党》初创时期，各种非马克思主义和无政府主义思潮泛滥，阐释并介绍科学的马克思主义迫在眉睫。为了提高知识分子的马克思主义水平，推动党组织的扩大和发展，李达作为主编，也是主要作者，积极组织并撰写文章，从几个方面，积极介绍十月革命的真实情况，分析各国共产党组织状况，开展对各种非马克思主义的批判，从而坚持了马克思列宁主义的建党方向。

第1号《共产党》的文章，关于十月革命方面的内容，刊登了《俄国共产党的历史》，《俄国共产政府成立三周年纪念》以及《列宁的历史》等文章。

《俄国共产党的历史》一文，表达了"劳动无产阶级革命，应由劳工自己去创造"的主张。

《列宁的历史》，配以列宁大幅画像，对列宁参与和指导革命的经过进行了详细介绍，认为列宁是"社会主义运动的最勇敢最精神的首领"。同时，还译介了列宁在莫斯科共产党第九次大会的演说，列举了列宁自1897年到1917年之间所著的重要著作《怎么办》《革命的教训》《国家与革命》等19种经典著作，并译有列宁《国家与革命》（第一章），热情讴歌列宁领导的十月革命的伟大胜利。

《俄国共产政府成立三周年纪念》一文，作者称这篇文章是为世界革命的前途而作，为社会主义的前途而作。文章开头以喜悦生动的笔调指出，1917 年 11 月 7 日，是为 20 世纪世界革命"开一个先例的那一天"，"就是资本主义灭亡，社会主义实现那一天"。文章用大量篇幅介绍新生的苏维埃国家的社会组织、经济组织的情况，驳斥对布尔什维克党的种种责难，论述了十月革命不仅使俄国人民摆脱政治上的不自由和经济上的不平等，也同时开创了世界革命的前途和社会主义的前途，文末高呼："共产党万岁！社会主义万岁！"

关于共产党的组织状况和历史状况方面，第 1 号刊发有李稳《共产党同他的组织》一文，介绍了苏维埃政府各机关及其组织大纲，组织条规，并指出"团体是革命唯一的保障"，"须处处组织共产党的团体"，以"使他们日见膨胀，势力日见加增"。

而李达《第三国际党大会的缘起》一文，则揭露了第二国际"和资本家妥协起来"的改良主义思想，赞扬第三国际坚持无产阶级专政，欢呼世界共产主义的到来。

此外，第 1 号《共产党》还译介有《英国共产党成立》，介绍英国共产党的情况。

这些文章对十月革命和各国共产党的介绍，指出了建立共产党的必要性和可能性，推动着中国共产党开天辟地一般的诞生。

同年 12 月 7 日，《共产党》月刊第 2 号出版发行。李达以笔名"江春"发表了《社会革命底商榷》一文，一开头就写道："革命底呼声，在中国大陆一天一天的高了。有许多走狗学者也讲起社会主义来了。可是他们只是口头讲，心里未必赞成，也只是胡乱地讲，却未必十分懂，恐怕这班不久便会连口头赞成都要取消。他们不说中国人要准备知识，学会了社会主义，好行社会革命，便说要助长资本主义的发达好谈社会主义；这类的话，在最近的新闻杂志上，登载得非常的多。这种似是而非的论调，最易淆惑人心。他们是社会主义的障碍，是我们的敌人。所以我不得不说几句话纠正他们，然后把我的主张写了出来，同大家讨论。"

文章从三个方面揭露批判假社会主义、无政府主义、第二国际修正主义者，阐释了科学的社会主义的基本原理。李达在文中倡导马克思"一切过去社会的历史，都是阶级斗争的历史"的观点，分析中国无产阶级受到双重盘剥的悲惨处境，认为中国形成了"劳动资本两阶级的对峙"，否定了中国无阶级无需社会革命的错误观点，回答了"建党是否可能"的问题，并公开宣传建党的必要性，号召共产主义信仰者，"组织巩固之团体，无论受国际的或国内的恶势力的压迫，始终为支持共产主义而战"。

文中称："中国政治上经济上的混乱恐慌，达到极点，社会上的大缺陷，随时暴露出来……我们要在各大都会，结合工人农民兵士及他种属于无产阶级的人……猛然地干起大规模的运动来，把那地方的政治势力，夺在我们手中，凭着政治上的势力，实行我们社会主义的建设，完全管理社会中经济的事业。所以这种直接行动，可以称为社会革命的唯一手段。"这就从理论上为党的建设奠定了一块基石，将"改造中国、实行社会主义建设"的伟大使命，放到"我们共产党"肩上。

随后，限于经费问题，《共产党》的出版发行出现了三个月的停顿。有一个说法指出，这是因为 1920 年底维经新基回国，陈独秀赴粤，上海党组织的经济来源中断，一切工作受到影响，《共产党》月刊不得不停止编印。

直到 1921 年 4 月 7 日，第 3 号《共产党》才得以再一次和读者见面。

这一号上刊登有一篇未加署名的文章《告中国的农民》，深入分析了中国农村尖锐的阶级对立及中国四类不同的农民，指出："中国农民占全国人口底大多数，无论在革命的预备时期，和革命的实行时期，他们都是占重要位置的。设若他们有了阶级的觉悟，可以起来进行阶级斗争，我们底社会革命，共产主义，就有了十分的可能性了。""我们要设法向田间去，促进他们这种自觉呀！"这无疑成为了日后"农村包围城市"战略方针的预告。

文中提出了土地革命的口号，号召农民团结起来，自己解放自己。文章强调，"你们不要说你们没有力量，你们的力量比什么还要大"。文章认为，共产主义者不能消极等待农民的觉悟，应该积极、主动地把共产主义思想灌输到农民中。

当时，并没有多少人会认识到，山沟沟里也出马克思主义，面积广大的农村，人口众多的农民，才是中国革命获得根本胜利的伟力来源。而这篇文章无疑具有一种望穿迷雾的远见卓识。6年后，毛泽东发起秋收起义，不久走上井冈山，创建了第一块依托农村的革命根据地，深入土地革命，波浪式地向前扩大，终于形成了"星星之火，可以燎原"的磅礴气势。

第3号还刊发有《将死的第二国际和将兴的第三国际》一文，指出"无产阶级力量日增——有将来无限的大事业在前边"，是对第一号《第三国际党大会的缘起》一文的响应。

此后，《共产党》第4号、第5号的出版，时在1921年5月至6月，正值中国共产党第一次全国代表大会酝酿、筹措阶段，共产国际代表马林和共产国际远东书记处代表尼克尔斯基先后到达上海，经过与李达、李汉俊等人商议，为了加强马克思主义宣传力度、扩大社会影响，《共产党》月刊改为半公开性的刊物，并从1921年《新青年》第九卷起连续刊登《共产党月刊社启》要目广告。

从此时起,《共产党》由介绍国外经验转为论述国内革命问题,批判修正主义和无政府主义思潮,统一建党思想,探讨党的纲领和策略。如第 4 号的文章《告劳兵农》指出,劳兵农要起来革命,首先要认清自己的仇人……文章对中国革命的对象、任务和动力等基本问题作了初步的探讨。

第 5 号《共产党》月刊登载有施存统《我们要怎么样干社会革命?》一文,称"要想使无产阶级脱除'非人生活',过'人的生活'"这一理想状况,就"非赶快实行共产主义不可!"急迫之情,如在眼前。

中共一大后,《共产党》第 6 号发表《中国劳动组合书记部宣言》《太平洋宣言及我们应采取的态度》《上海劳动界的趋势》等文章。《上海劳动界的趋势》报道了声势浩大的工人罢工运动,指出"上海劳动界反抗资本家的空气愈益紧张,工人自动的组织工会,创办劳动学校……"

该号《短言》指出:太平洋会议就是英美日处分中国的会议,什么正义人道,就是掠夺和分赃;什么门户开放,就是自由到中国夺取富源;什么机会均等,就是均分中国财富;什么领土保全,就是把空壳留下来利用那班中国的政客军阀做他们的账房和监工者来搜刮压榨中国无产阶级供给他们的利益!作者进一步指出:只有通过社会革命建设劳工专政的国家,方能挽救当前的危机,免掉将来的苦痛!

此时,正在上海的共产国际代表马林,认为《共产党》和《新青年》在内容上有所重复,建议两刊合并,《共产党》自此停刊,完成了其历史使命。

《共产党》月刊作为半公开的秘密刊物,以随着《新青年》赠送的方式,分发到各地共产党早期组织,尽管不是公开发行,该刊的最高发行量仍达到 5000 份。虽说社会影响并不算大，但历史意义却不容忽视。其所刊登的文章和资料，为各地共产党早期组织成员提供了重要的思想武器，使他们对共产党的纲领、性质、特点、组织原则、组织机构等问题有了进一步了解，提高了对共产党的认识，对于建立一个全国性的、在思想上组织上完全统一的无产阶级政党，起了很好的宣传和组织作用。

在北京，李大钊组建马克思学说研究会后，就在一则《通告》中，向会员和进步学生推荐《共产党》月刊。

在湖南长沙，毛泽东常拿《新青年》《共产党宣言》《共产党》给当地共产主义者学习，他在湖南省立第一师范学校的同学张文亮，曾在日记里记载："润之送来《共产党》月刊 9 本。"

不仅于此，毛泽东还把《共产党》刊登的《俄国共产党的历史》《列宁的生平》《劳农制度研究》等文章推荐到长沙《大公报》发表，在进步青年中产生了广泛影响。

蔡和森在《中国共产党史的发展（提纲）》中曾指出："党的出版物，除《新青年》外还有《共产党》，销数很广，宣传亦很有力量。"

事实上，《共产党》月刊是冒着当局严禁"过激主义"言论，追查"过激党"分子，随时有被反动势力监控和迫害的危险而出版的，因此，为保护作者，文章一律署笔名，如李达的笔名是"胡炎""江春"，李汉俊的笔名为"汗""均"，沈雁冰的笔名则是"P.生"。

创办初期，为筹集经费、开源节流，李达常常自己一个人承担从写稿到发行的全部工作。1921 年初，第 3 号《共产党》处于难产时，李达和时在商务印书馆当编辑的沈雁冰（茅盾）商量，自己写稿子卖给商务印书馆，以稿酬作为《共产党》月刊运营经费，可谓苦心孤诣。

当时，陈独秀在广州政府任职，上海共产党早期组织主要由李汉俊、李达、陈望道等主持，活动经费来源于早期组织成员的编译稿酬，并未接受共产国际提供的卢布，陈望道曾回忆说："李汉俊、沈雁冰、李达和我，都搞翻译，一夜之间可译万把字。稿子译出后交给商务印书馆，沈雁冰那时在商务工作。一千字四五元，大家动手，可以搞不少钱。"

李达在自传中也有类似的记述："这时候经费颇感困难，每月虽只用二三百元，却无法筹借，陈独秀办的新青年书社，不能协助党的经费，并且连李汉俊主编《新青年》的编辑费（每月一百元）也不能按期支付，于是我们就和沈雁冰（当时他任商务《小说月报》编辑，也加入了）商酌，大家写稿子，卖给商务印书馆，把稿费充当党的经费。"

总之，这些困难丝毫没有动摇李达借《共产党》月刊宣传马克思主义真理的决心，如第 3 号付印前，被法国巡捕房没收了稿件，致使这一号第一页没有原文，李达就用"开天窗"的办法注明："此页被上海法捕房没收去了"，以示抗议。

在主编《共产党》月刊时，李达写下大量文章，成为批判各种非马克思主义的一员骁将。新中国成立后，毛泽东在会见李达时赞道："你从五四时期开始，直到全国解放，都是理论界的'黑旋风'。胡适、梁启超、张东荪、江亢虎这些'大人物'都挨过你的'板斧'。你在理论界跟鲁迅一样!"

对于《共产党》月刊，毛泽东的评价也极高。1921 年，他在写给蔡和森的信中，谈到国内建党情况时说："出版物一层，上海出的《共产党》，你处谅可得到，颇不愧'旗帜鲜明'四字。"

李汉俊和《劳动界》

三益里十七号，一处三楼三底的宽敞的石库门房子，是李书城、李汉俊兄弟寓所。

这处寓所来来往往的人大多是些穿着长袍或西装、戴着眼镜的先生，也有剪了短发、穿着裙子的青年女性，他们大都是来找李汉俊的。

李氏兄弟一个安静，一个忙得飞转。兄长李书城不爱出门，常常宅在家中，整天读书，来访的客人不多。李汉俊则不同，每天都有一大堆朋友跑过来寻他，常常深更半夜了才出门。他们在一起嘻嘻哈哈之余，经常发生些争论。

在他们当中，李汉俊显得很特殊。因为朋友们穿着时新，而李汉俊自己则衣着很随便，看上去像个乡下人。别因此小瞧了李汉俊，他可不是个等闲之辈，不仅语言才华卓绝，通晓日、德、法、英四国语言，视野极为开阔，而且深研马克思主义，后来共产国际驻华代表马林曾说他是中国共产党"最有理论修养的同志"。参加中共一大的包惠僧也说过，中共成立之初，李汉俊在党内的地位仅次于陈独秀。

李汉俊，原名李书诗，字人杰，1890 年出生于荆楚大地一个贫寒的知识分子家庭。

1904 年，年仅 14 岁的李汉俊东渡日本，先后求学于经纬学堂和晓星中学，后考入东京帝国大学土木工科，成为清政府的官费留学生。他说："我们求学是要成为有用之才，以便有朝一日为国家民族扬眉吐气而出力。"

留日期间，李汉俊深受河上肇、堺利彦等日本社会主义者的影响，接受了马克思主义。1918年岁末，李汉俊回国，加入《星期评论》编辑部并与戴季陶、沈玄庐一起成为该报"三驾马车"，他的主要撰述和翻译工作，都是在于传播新文化及马克思主义。

1919年春，董必武由鄂抵沪时，特地拜访了李汉俊，两人谈到十月革命，李汉俊拿出一些反映新思想、新思潮的书籍和杂志《马克思资本论入门》《黎明》《改造》《新潮》等交给了董必武。多年以后，董必武在回忆中谈道："当时社会上有无政府主义、社会主义、日本的合作主义等，各种主义在头脑中打仗。李汉俊来了，把头绪理出来了，说要搞马克思主义。""李汉俊是我的马克思主义老师。"

上海共产党早期组织成立后，把唤起广大工人阶级的政治意识、开展工人运动作为重要任务之一，邵力子在《党成立前后的一些情况》中称："共产党早期组织的工作，以工人运动为主"；陈望道在《回忆党成立初期的一些情况》也说："初期的工运，主要是启发和培养工人的阶级觉悟，支持他们搞经济斗争。"

为了唤起劳动界的觉悟，最好的办法就是着手创办面向工人群众的通俗刊物。1920年8月15日，李汉俊与陈独秀一起创办的《劳动界》出版，编辑部设于环龙路老渔阳里2号，李汉俊担任主编。《李达自传》中说"组织工人的工作，是由李汉俊主持的"。这是中国共产党创办的第一份通俗工人读物，也是当时国内创刊最早的工人刊物之一，是中国共产党将马克思主义与工人运动相结合的最早尝试。

当时的上海约有50余万工人，占全国工人总数的四分之一左右，而且上海劳动界已经有了政治意识上的觉醒，也发起了不少工会组织。1919年6月3日，上海纺织、机器、铁路、汽车、轮

船、铁厂等 50 多个企业约 7 万工人举行罢工，要求北洋军阀政府
释放此前因开展反帝爱国运动被捕的学生。上海工人的行动推动
了全国各地的罢工风潮，20 多个省 100 多个城市工人罢工声援。

　　陈独秀、李汉俊也参加了一些工人活动，他们发现，在工会
组织里，"总是穿长衣的先生们多，穿短衣的工人很少"。陈独
秀、李汉俊都认为，有必要唤醒工人群体的阶级意识，成立真正
的工人团体。1920 年 4 月 18 日，由中华工业协会、中华工会总
会、中华全国工界协进会等组织的劳动节纪念大会筹备会召开，
陈独秀被推荐为顾问及中华工业协会教育主席，自愿出任工人的
义务教授。

　　这年 5 月 1 日出版的《新青年》"劳动节纪念号"，扉页是蔡
元培所写的"劳工神圣"，身处一线的 9 位工人题词，还刊登了
33 幅反映工人劳动状况的照片。

　　为了启发工人阶级的阶级觉悟，促进工人阶级的团结，进一
步推动工人运动的发展，《劳动界》可以说是《新青年》这一专
号的一种延续，更是一种壮大，而且也是由设于法大马路 247 号
（今金陵东路近河南南路处）的新青年社总发行所承担发行工作，
陈望道、沈玄庐参与编辑，陈独秀、李汉俊、陈望道、沈玄庐、
袁振英、李达、李中、邵力子、陈为人等为主要撰稿人。

　　李汉俊在发刊词《为什么要印这个报》中写道："工人在世界
上已经是最苦的，我们中国的工人比外国的工人还要苦。这是什
么道理呢？就因为外国工人略微晓得他们应该晓得的事情，我们
中国工人不晓得他们应该晓得的事情。我们印这个报，就是要教
我们中国工人晓得他们应该晓得的事情……或者将来要苦得比现
在好一点。"这篇文字确定了《劳动界》文字平实易懂、贴近生
活的风格。

8月17日，李汉俊与陈独秀共同署名，在上海《民国日报》登载《〈劳动界〉出版告白》称："同人发起这个周报，宗旨在改良劳动阶级的境遇。第一册已经出版，在法大马路大自鸣钟对面新青年社发卖。希望劳动界诸君对于投稿及推销两事，大家出力帮忙，也好叫本报成一个中国劳动阶级有力的言论机关。"

《劳动界》每周出版一册，为36开本，定价"铜子二枚"；主要辟有演说、国内劳动界、国外劳动界、本埠劳动界、国外时事、国内时事、诗歌、小说、读者投稿等专栏。为了便于工人群众接受，文章生动活泼，短小精悍，很少使用专业术语，而多用浅显易懂的语言，生动的事例，深入浅出地向工人介绍劳动创造价值和工人阶级解放的途径等马克思主义的基本道理，引导劳动者"信奉社会主义，实行社会革命"。

第1册"演说"栏目，首篇刊登陈独秀的署名文章《两个工人的疑问》，并用最朴素的语言写道："劳动是什么？就是做工。劳动者是什么？就是做工的人。劳动力是什么？就是人工。世界上若是没有人工，全靠天然生出来的粮食，我们早已饿死了"，"因为不做工不劳动，便没有粮食吃，没有屋住，没有衣穿"。文章还指出了不劳而获的现象，尖锐地提出："有许多人不劳一点力不做一点工……还要把出力做工的人压在脚底下不当人看待，这又是什么缘故呢？"陈独秀说："我以为只有做工的人最有用最贵重。"指出了劳动的重要性，也表达了对劳动者的尊重，足够引起劳动者的平等自尊感！

李汉俊在第2册发表的《金钱和劳动》，形象地宣传马克思剩余价值理论："如果我们工人农夫，个个都晓得钱是代表劳力的东西，个个都晓得做了几多工就要几多钱，使做东家、有钱的人，不能够来把我们劳力做出来的钱拿去，来压制我们了，我们工人农夫就不会没有钱用，被人轻视了。这是我们工人农夫好好记着不要忘记的。"

此后，陆续刊登了宣传马克思主义的稿件，如第 4 册，发表了陈独秀的《此时中国劳工运动底意思》一文，提到了"社会主义"一词。第 6 册，张赤的《打破现状才有进步》指出："现状不打破，绝不会有进步来。经济的不平等，不公道的现状不打破，待遇的平等，男女的平等，教育的平等，知识的平等，等等都是没影的事。"

9 月 26 日，在第 7 册上，发表了署名海军船工李中的文章《一个工人的宣言》，表达了觉醒的中国工人的使命："工人的运动，就是比黄河水还厉害还迅速的一种潮流。将来的社会，要使他变个工人的社会；将来的中国，要使他变个工人的中国；将来的世界，要使他变个工人的世界。……俄国已经是工人的俄国，……这个潮流，快到中国来了。我们工人就是这个潮流的主人翁。这个潮流的主人翁，就要产生工人的中国。"文章提出工人是社会的主人翁，号召工人们联合起来，奋发热心，为实现"工人的中国"而努力。

李中通过阅读《劳动界》、与陈独秀等人的接触，提高了觉悟，后来投身到组织工会的革命活动中，成为上海机器工会筹备会书记，其后参加了上海共产党早期组织。

在第 8 册，李汉俊发表了《工人如何对付米贵?》，提醒抗争中的工人群众："工人对付米价的办法，只有要求东家增加工钱，其余的什么平粜什么临时加薪都骗人的，从前我们已被他们骗了一回，我们就应该牢记在心，不要再受他们的骗。"

11 月 7 日，《劳动界》第 13 册刊登了维经斯基用"吴廷康"笔名撰写的《中国的劳动者与劳农议会的俄国》一文，文章指出："我国劳工农民不惜牺牲一切，备尝痛苦，创造了解放劳工农民受苦的实行制度，立下拯救贫人的法则。"号召"有勇敢有精神的俄国劳工农民啊！快快的帮助你们在水火之中的劳工农民伙友罢！"

第 14 册登载的袁振英《无工无食》一文说："社会上什么东西，都是劳动做出来，没有劳动，便没有现在的社会"，简洁地概括马克思主义劳动观。

第 16 册李达的《劳动者与社会主义》一文称："社会主义是解决社会问题的……把一切工厂一切机器一切原料都归劳动者手中管理，由劳动者自由组织联合会，共同制造货物。制造出来的货物，一部分作为下次再行制造的原料；一部分作为社会的财产；一部分作为自己的生活资料大家享用。这时候大家都要做工，都能得饭吃得衣穿，资本家也变为劳动者了。大家都享自由，都得平等。这是劳动问题的根本解决方法。"

李汉俊在主编《劳动界》期间，常深入工厂开展情况调查，不分昼夜地埋头苦干，以一种执着的忘我精神使刊物成为党组织团结工人群众的纽带。例如，在第 2 册《劳动界》用大字刊登了《本报欢迎工人投稿》启事："本刊的宗旨，是要改良劳工阶级的境遇的，对于工人现在的境况，当然尽力调查，尽心记载。但是恐怕我们的调查，不能处处都到，一切情形，不能细细采集。所以我们很欢迎工人将自己要说的话任意投稿到本报来，本报决计赶快登载。"

从第 3 册起，设立了《读者投稿》专栏，第一篇读者来信，出自一家商店的工人读者幕凝，是一篇读后感，以《读陈望道先生"平安"的感想》为名发表在第 3 册上，信中这样写道："我读了陈望道先生那篇《平安》，也不晓得发生了多少感想。因为我们的生活，没有一时一刻不在'平安'这两个字的反面进行。"

"我的商店里，越不做事的人，他的出息反而越大；推而至于老板，或经理，有好些竟至一点事也不做，现现成成地拿比我们多好些倍数的工钱，……他们总是到'什么馆''什么馆'里去饱餐几顿；我们一年到头，都是吃那碗忍着一肚皮气换来的粗菜饭，……这都算'平安'吗？"

在这封来信的"附记"中，陈望道写道："前期我匆匆忙忙地做了一篇，居然引出这么一篇写实的鸣苦的文字，足见悲苦已极，解决的时期就在眼前了。我们都很欢喜。""但我那篇结尾，有我们向那里去找'平安'一句话，其中'那里'两字很重要，还希望大家注意。"

第5册刊登了上海电灯厂工人陈文焕的来信："《劳动界》，已出版三册了，我买了几份，送给我们同伴的工人；我们同伴的工人，多欢喜看你们所办的《劳动界》。唉！先生呀，这是什么缘故呢？我们苦恼的工人，多是劳动界的一分子，从前受资本家的压迫，不晓得有多少年了！他们要我们工人长，不敢不长；要我们工人短，不敢不短；要我们东就东，要我们西就西；有话不能讲，有冤无处伸！现在有了你们所刊行的《劳动界》，我们苦恼的工人，有话可以讲了，有冤可以伸了，做我们工人的喉舌，救我们工人的明星呵！我代表我们一班很苦恼，有话不能讲，有冤无处伸的工人，祝你们所刊行的《劳动界》万岁！"

《劳动界》这两封读者投稿，吐露工人群众的心里话，引得更多工人群众踊跃投稿，到第19册时已经刊登工人来稿30余篇，如《我们流出来的汗到那里去了?》（第8册）、《老虎和老板》（第8册）、《我底"工人如何对付米贵"的主张》（第11册）、《一个工人的觉悟》（第11册）、《我们为什么要让人家不当人看待》（第13册）、《我们底劳动力哪里去了?》（第14册）、《我们要做"真正的工作"!》(第 14 册)、《今日劳工底责任》(第 15 册)、《劳工要有两种心》(第 18 册)、《快些起来奋斗》(第 18 册)、《天冷与劳工》(第 19 册)、《做工的苦楚和选举的黑幕》(第 19 册)等。

这些来稿一方面使《劳动界》及时了解工人的思想动态,了解工人们的实际生活情况,有助于早期马克思主义者更深入地了解工人的情况。另一方面增强了读者对杂志的喜爱与支持,也体现了杂志在工人中间的传播情况。

第 15 册中,一位印刷所的排字工人在《打破工头制度的商榷》一信中写道:"排字每千字三角,但不全归自己,而被工头克扣。"他认为不合理的工头制度完全可以打破,成立印刷工会代替,介绍工作由工会负责,劳资争议可由工会调解处理。

如何把工人组织起来,正是《劳动界》进行宣传的一个目的。五四运动后全国各地涌现出不少以"工会"为名的团体,主持者多是高级职员和一些捞资本的政客,并不能代表工人阶级的利益。因此,《劳动界》的首要任务,就是组织真正代表工人利益的新式工会,使工人认识到"联合的力量"。

这年 12 月,上海浦东烂泥渡鸿升栈、华通栈的运输工人,因江北、湖北、山东三帮争夺工作,互相排挤,以致演成决斗。《劳动界》迅速关注此事,指出工人之间的争斗,只会两败俱伤,最终使得自身的利益受损,借此宣传新工会的成立。

在上海共产党早期组织和《劳动界》的帮助下,工人的组织觉悟得到提高,这年年底,终于组成了真正代表工人利益的上海机器工会、印刷工会等组织。其中,上海机器工会是中国共产党领导的第一个工会,最初会员有 370 余人,印刷工会会员则多达 1300 人,同时,他们还指导工会出版了《机器工人》《友世画报》

等工人报刊。

由于工人群众的文化程度普遍偏低，简单地依靠说理很难打动他们，《劳动界》也发表了一批通俗文学作品，主要体裁有小说，如《阿二的儿子》（第 3 册）、《一个水手》（第 4 册）、《又要饿一天》（第 5 册）、《工人的滋味》（第 7 册）、《可怜的工人》（第 8 册）、《中秋节夜的哭声》（第 8 册）、《机器》（第 9 册）、《两个想发财的工人》（第 10 册）、《夜工底结果》（第 13 册）、《一个裁缝底日记》（第 14 册）、《一个洋车夫底日记》（第 15 册）、《一个人力车夫底日记》（第 18 册）、《苦工日记》（第 19 册）、《苦工日记》（第 21 册）、《一个早婚负债的木匠》（第 21 册）。这些小说取材于工人的生活，有些甚至直接由工人自己创作，因此工人读起来很亲切。

此外，还有诗歌，如《一个铁匠》（第 5 册）、《吴船山歌》（第 6 册）、《哈友工》（第 14 册）、《劳动歌》（第 20 册）、《新年》（第 22 册）等。

这些文艺作品，对于启发和激励工人发挥了重要的作用。

《劳动界》每周日出版一册，由新青年社总发行所发行，地址在法大马路大自鸣钟对面，发行全国。据毛泽东创办的长沙文化书社 1920 年 9 月 9 日至 10 月 20 日的统计，其在湖南地区发售"《劳动界》一号至九号，各百三十份"，是长沙文化书社最畅销的通俗刊物，《劳动界》的发行量可见一斑。湖南一位烧锑矿炉的工人甄多言给该刊去信，提到"今日我看了《劳动界》，为的是同资本家和势力家对于工人的苦楚和黑幕的抵抗，不觉得欢喜得不得"。

据张国焘回忆，北京共产党早期组织一次开会时说，"上海小组所创办的《劳动界》周刊已经出版，我们在会场上将创刊号发给大家看，这也是使会议生色的一件事"。

这表明《劳动界》出版后，对其他地区推动工人运动也起到了积极的激励作用。《劳动界》第一册出版后两个月，广州共产党早期组织于 10 月创办了《劳动者》周刊，三个月后，北京共产党早期组织于 11 月创办《劳动音》周刊，一南一北两份工人刊物，与《劳动界》遥相呼应。

　　由于《劳动界》站在工人的立场上说话，积极向工人群众进行马克思主义启蒙教育，被称作是"我们工人的喉舌，救我们的工人明星"。

　　所谓树大招风，1921 年 1 月，军阀政府以"煽惑劳动，主张过激"罪名查禁了《劳动界》，目前所见，《劳动界》最后一期为当年 1 月 23 日出版的第 24 册，在中国共产党诞生之前，它存世近六个月。

　　当局还发下密令，"缉拿惩办"主编李汉俊。

　　此时，陈独秀已然南下广东，李汉俊正带领着上海共产党早期组织，秘密筹办中国共产党第一次全国代表大会。

　　上一年秋天，就在创办《劳动界》后不久，李书城和李汉俊兄弟搬出三益里 17 号，住进了法租界贝勒路树德里 3 号，后称望志路 106 号，一幢坐北朝南一底一楼的沿街石库门建筑，这就是今天的中共一大会址——闻名中外的红色地标。

　　时为 1921 年 7 月，李书城到湖南主持讨伐湖北督军王占元的军务，李公馆只剩下李汉俊，以及正在博文女校就读的嫂子薛文淑、侄女李声韵，此外就是一个保姆，一个厨师。

　　7 月 23 日，中共一大就在李家饭厅召开，在 18 平方米的房间内，酝酿起一件"开天辟地的大事变"，13 名与会者的平均年龄刚好是毛泽东的年纪——28 岁，正是指点江山的"新青年"，这或许也是《新青年》杂志影响不可谓不深远的意义所在！

1921 年，王会悟创办《妇女声》

8 月的深夜，一轮明月，高悬天际，向窗边洒下半尺清辉。

大街上，寂寥冷清。

一处石库门房间的书桌前，李达刚完成一天的工作，放下笔来，摘下眼镜，揉了揉眼睛，打开窗户，向外望去。

这时，王会悟走过来，轻轻地搂住李达的肩膀。李达回头，带着点责备和疼爱，说道："叫你早点休息的，怎么这么晚了，还没睡？"

"哦，我刚把你明天要的稿子校对完成！"王会悟笑道。

一道皎洁的月光。一腔温柔的话语。一抹浅浅的笑。荡漾着。李达握住王会悟的手，说道："会悟，辛苦你了！"

"嗯。不辛苦。你更辛苦。"

"很晚了，准备休息吧！"

"我有件事跟你商量，你看到《民国日报》新出的副刊《妇女评论》了嘛？我觉得它里面的很多道理都讲得很好，让读的人大受启发，也给想要追求自由的妇女指明了方向。"王会悟急忙说道。

"哦，我还没看。但我知道主编是陈望道先生，望道文采斐然，理论深厚，办这样一份副刊肯定会很出彩的！"

红日初升，其道大光。河出伏流，一泻汪洋。开天辟地的中共一大形成的决议，关于妇女工作方面，决定重点宣传马克思主义妇女解放理论，宣传男女平等，鼓励妇女积极投入革命运动。

1921 年 8 月 3 日，《妇女评论》作为上海《民国日报》副刊创刊，以妇女评论社的名义进行编辑，由陈望道主编。编辑者和撰稿者大部分是妇女评论社的社员，其中不乏新文化运动和妇女运动的积极倡导者和参与者。

《妇女评论》是中国共产党成立以后创办的第一个有关妇女运动的副刊，创刊号宣言中明确提出："我们是主张解放了历来施于女性的种种束缚，让女性自由发展出伊们的能力来。凡思想、制度能够成为新锁镣的，我们都要不容情的攻击。"

此时，李达作为党中央宣传主任，负责出版工作。为了更好地宣传马克思主义思想，中共中央局决定在上海创办一个自己的出版社，这就是人民出版社，李达兼任社长，社址就在李达家中，这样李达居所既是《新青年》《共产党》杂志的编辑部地址，也是人民出版社的社址。为迷惑敌人，躲避搜查和破坏，人民出版社的社址印成"广州昌兴新街 26 号"，在封面"人民出版社"前冠以"广州"字样。

人民出版社的宗旨是：一面为信仰不坚者去除根本上的疑惑，一面和海内外同志图谋精神上的团结。为了能专心致志地翻译、撰著、编辑、出版马克思主义著作，李达常常数日不出门，全心投入。他通宵达旦地工作，有时肚子饿了，就啃几个冷馒头充饥。

王会悟不仅是李达的爱人，更是李达志同道合的战友，她既负责家务，又很心疼李达，总是竭尽全力协助李达做好这些出版工作，协助他进行校对、组织印刷、发行等繁琐事项。

王会悟仔细研读过《妇女评论》，她总觉得似乎缺少些什么，这天晚上，看完李达的稿子，她的心中已然明了，于是她向李达建议道："我想我们也办一个刊物，重点探讨有关妇女解放的重大问题，由妇女自己来编，你觉得怎么样？"

"嗯，妇女自己来编妇女的杂志，这个法子好。"李达沉思了一会，说道，"要不，就你来负责这份刊物吧？你这一年多来，不仅给我校稿，而且也写了很多妇女解放的文章，我相信你一定会办好这份杂志。"

"真的，你相信我可以嘛？"

"你肯定可以的，你可是我们党的最聪明的卫士啊！"李达笑了，王会悟也笑了。

他们的关系就是这样，既是相知。也是相爱。更是奋斗。

李达联想到湖南、四川、广东、天津、山东等省市的女权运动进行得如火如荼，女界联合会也异常活跃，于是建议道："前些天，党内正在与上海女界联合会商量合作的事情，你可以联系徐宗汉，一起来办这份刊物。"

两年之前，辛亥革命元老黄兴的夫人徐宗汉、博文女校校长李果、程孝福等人发起并成立了中华上海女界联合会，以"竭女子之知能，启发国民之自觉，提倡社会服务"为宗旨，宣传妇女解放和爱国思想。但与全国风起云涌的妇女运动相比，中华上海女界联合会无论在组织机构，还是在开展活动上都存在诸多困境，欲解决此一困境，有一个办法就是创办妇女义务学校和妇女刊物。

妇女解放本是五四新文化运动后的一个重要主题，李达和李大钊、陈独秀、沈雁冰等人都曾写过许多宣传妇女解放的文章。李达对苦难深重的中国底层妇女怀有由衷的同情，他曾经指出："世界惨无人道的事，比男子压迫女子再利害的恐怕没有了！"他大声地呼吁大幅提升妇女的社会地位，使其享有和男子完全平等的各项权益。

中国共产党成立后，李达更加重视妇女宣传工作，他让王会悟联系徐宗汉，将中华上海女界联合会改组为中华女界联合会，并以联合会名义出版一份妇女刊物，得到徐宗汉的支持。

8月间，中华上海女界联合会改组为中华女界联合会，并在《新青年》第9卷第5号上发表了改组宣言与章程，以"拥护女子在社会上政治的及经济的权利，反抗一切压迫"为中华女界联合合的宗旨。

9月间，陈独秀自广州返回上海，住进了老渔阳里2号。李达和王会悟为此搬到南成都路辅德里625号，后来中共二大就在这里举行。

到了11月，中国共产党中央局发出《关于建立与发展党团工会组织及宣传工作》的通告，表明妇女工作需从改造女界联合会开始。

12月13日《妇女声》在上海创刊，由中共中央宣传主任李达亲自主持，以上海"中华女界联合会"的名义出版，辟有言论、评论、思潮、译法、通信、杂感、国内消息、世界消息、调查、讲演、谈话、诗、小说等栏目，创刊号宣言写道：

> 我们既然知道我们不应该永远是弱者，为什么屈从环境，甘受他人支配，不起来打破呢？我们既然知道我们不应该永远是贫者，为什么忍饥挨饿，甘受他人掠夺，不起来反抗呢？

> 人类的历史指示我们说：女子是最初的劳动者。在初民性的分工时代，男女两性享受平等的幸福和自由，并无支配和服从的事实。后来进到经济的社会的分工时代，妇女就开始降为奴隶的地位，直到现在。

> 人类的历史又指示我们说：女子是人类社会底一分子，有应尽的义务和应享的权利，应当自己支配自己的生活。经

济组织变化的结果，迫使我们离开家庭奴隶的境遇，走到社会中来，要完成我们历史的使命。

但是，我们周围布满了妨害我们的行动的铁栅栏。压迫与恐慌时时立在我们前面。我们纵能够脱离家庭制度的羁绊，依然不能渡过到自由之路的难关。"流离失所""生活艰难"，这是女子解放的悲剧，近在前途等待着。逃死求生的方法，除去卖性以外，就只有卖力的一条路，就不得不在资本制度之下讨生活。结果，不过逃出家庭的铁锁，系上工钱的铁锁。

姊妹们！我们的难关，正在这里。我们的努力，也正在这里！我们若是自己觉悟我们所处的境遇；若是自己觉悟我们向前奋斗的途径，那么，不久，黑暗中显现的一道光明，会要指示我们到自由之路！

"妇女解放"，即是"劳动者的解放"，是我们自己切身的利害问题。我们应当抛弃过去的消极主义，鼓起坚强的意志和热烈的精神，在阶级的历史和民众的本能中寻出有利的解放的手段，打破一切掠夺和压迫。

"取得自由社会底生存权和劳动权！"这是本刊第一次和读者见面时，慎重声明的、我们的标语！

结合当时革命的具体形势和中国共产党的要求，《妇女声》积极"宣传被压迫阶级的解放，促醒女子加入劳动运动"，开展妇女工作，王会悟和王剑虹共同承担了《妇女声》的筹备、创办和编辑。

王剑虹 1920 年来上海求学，为了维持生计，通过国民党元老谢持介绍，到上海中华女界联合会做临时文字工作。在这里，王剑虹与王会悟相识，并结为挚友。

王会悟将相当一部分时间、精力投入到撰写文章中，她在第三期发表的《中国妇女运动新趋向》一文中明确提出："我们女子的历史使命，就是依据阶级的觉悟，为阶级的结合去推倒资本制度，无产的妇女们若不是自己起来掌握政权和奴隶制度开战，即是社会主义不能实现的时候，真正的妇女解放就不能达到目的。"

在第五期中的《通信》里，她说："我们刊行《妇女声》的目的，一方面就是要唤起一班有知识的女子加入第四阶级的队伍来从事妇女运动；一方面和海内外有觉悟的姊妹们通声气，借以谋精神上的联络。"

1922年4月，上海浦东日华纱厂女工3000人因不堪忍受资本家虐待，举行长达13天的罢工斗争，《妇女声》以极大热忱鼓励女工坚持斗争，向女工阐明工会是女工团结的中心点，是女工的命脉，希望工人在罢工期间要维持秩序，不要听人煽动，男女工人团结到底，并呼吁各阶层妇女积极支持女工的罢工斗争，直到最后丝厂主答应女工的条件。王会悟在总结这次罢工斗争经验时指出："伊们这种团结力的坚固，是中国女劳动者阶级觉悟的表现。"

《妇女声》大力宣传马克思主义妇女解放理论，主张女性作为人类社会一分子，应积极投入革命运动，指出"无论做什么事情都要有组织的，有组织做事才有系统、有势力。所以工厂里面的女工……要与男子共同组织革命性的工会"。

广东女界联合会代表黄璧魂在《各国妇女运动的状况》一文中，介绍了20世纪初德国、芬兰、澳大利亚、英国、法国、意大利等国妇女运动的现状以及共产国际的历史和宗旨，对比俄国社会主义革命前后妇女运动的状况，及社会主义革命成功初期妇女在政治、经济、法律等方面与男子平等的权利，认为苏俄社会主义革命的胜利开辟了妇女运动的新纪元。

《妇女声》是党成立后创办的第一份妇女刊物，是早期共产党人宣传马克思主义妇女观的一个重要阵地，对于促进中国妇女觉醒，动员妇女参加革命，争取妇女解放起了积极的推动作用。

在《妇女声》开办期间，教育界兴起"平民教育"潮流，京津沪等大中城市的知识青年为帮助平民妇女提高独立生活的能力，办起了平民女校。如北京女学界联合会自筹经费，于1919年10月创办北京平民职业女学校，实行半工半读，以授予普通知识及应用技能、养成健全之国民为宗旨。

此时，陈独秀和李达都认为，妇女运动的发展，除创办妇女刊物外，还要有大批领导骨干，为此二人商定创办平民女校，"专在造就一班有觉悟而无力求学的女子，使其得谋生工具，养成自立精神"，成为妇女运动的领导骨干，推动妇女运动，于是王会悟又与王剑虹一起忙着筹办学校。

李达认为："社会根本改造的大事业，横在我们面前，有志改造社会的男女们，彼此不可不有阶级的共存的自觉，共同携手参与改造事业，和那共同的社会的敌人奋斗，建设男女两性为本位的共同生活的社会。"这或许也是李达开办平民女校的初衷。

由于党组织并未公开，以何名义创办学校成了一大难题。李达让王会悟去找徐宗汉，已在中共一大召开时经受过锤炼的王会悟，对开办平民女校的建议很有热情，在她的建议下，徐宗汉欣然赞同，最终平民女校得以中国女界联合会的名义筹办。

这年12月10日和25日，《妇女声》和上海《民国日报》刊登了一则招生广告《中国女界联合会创办平民女校缘起》，简明扼要指出："本校是我们女子自己创办的学校，专在造就一班有觉悟而无力求学的女子，使其得谋生工具，养成自立精神。"

为了扩大对平民女校的宣传，《妇女声》第4期辟为"平民女校特刊号"，刊登了陈独秀、李达、邵力子、沈泽民等的文章。

陈独秀指出，在教育极幼稚的中国，希望新成立的平民女学校做一个"风雨晦冥中的晨鸡"。

沈泽民在《我们为什么叫伊平民女校》一文中说：平民有别于贵族，换一句话说，何以称作平民女学校？因为第一，这是平民求学的地方，第二，这是有平民精神的女子养成所。

李达指出平民女校有三个特点：一是为无力求学的女子设工作部，替她们介绍工作，使其取得工资以维持自己的生活，实行工读互助；二是为年长失学的女子设专班教授，务使其于最短时间学到最多的知识；三是为一般不愿受机械教育的女子设专班教授，使她们能够自由发展个性。因此，"平民女校实是以前所未有的学校，虽然将来发展怎样，还不能知道，而就现在说，伊的确是为女子解放而办的第一个学校了"。

他还说，如果全国各大都市都能创办平民女校，使那些深感知识缺乏而渴望读书的有觉悟的女子都能够得到求学的机会，那么几年以后，女子解放的先锋队就会到处组织起来。

邵力子指出，一个平民女校救不了多少苦女子，但若第一个能办有成效，将来就会产生无数的平民女校。

1922年2月，中国共产党创办的第一所培养妇女干部的学校——上海平民女校开学，校址设在南成都路辅德里632号A（今成都北路7弄42号），受民主办学思想影响，不设校长，由李达任校务委员会主任，王会悟协助办理具体校务，邵力子、陈望道、张守白、沈泽民、沈雁冰、安立斯（美国人）、李达、李希贤、范寿康、周寿昌、陈独秀等都曾在该校担任教员，学生有丁玲、王剑虹、钱希均、王一知等人。

4月27日，美国著名妇女运动领袖和人口研究专家桑格访问上海，王剑虹代表中华女界联合会和《妇女声》对桑格进行访谈。对于桑格关于节制生育与妇女解放的观点，王剑虹和王会悟在《妇女声》上撰文表示大力支持，王会悟还大胆提出了妇女避孕主张。

《妇女声》用通俗易懂的语言，为妇女解放大声疾呼，提高妇女觉悟，向警予曾评价说，当时由妇女团体主办的、足以鼓动妇女思潮的出版物很少，《妇女声》虽然生命很短，却比较精彩。陈望道主编的《妇女杂志》也评论说，《妇女声》颇富社会主义色彩！

陈独秀在上海两次被捕

　　1921 年 9 月的一天，明晃晃的阳光，洒在黄浦江的码头上，人潮汹涌中，有一人高额大眼，西装笔挺，走下船来，他就是中共总书记陈独秀，像一个"甩手掌柜"一样，时隔将近一年，他回到了党的发源地上海。

　　为什么说他是"甩手掌柜"呢？原因在于他 1920 年底前往广州，并未参加中共一大，当选为中央局书记时，他人在广州"吃香的，喝辣的"。既然如此，为何他还能当选中共总书记呢？陈独秀表弟濮清泉回忆称："据陈独秀告诉我，中共第一次代表大会他因事留在广东，没有参加，之所以要他当总书记，是第三国际根据列宁的意见，派一个荷兰人马林来中国传达的。说是中国无产阶级还没有走上政治舞台，党的总书记一职，要找一个有名望的人，号召力要大点。"

　　此时，中国共产党尚在幼年时期，一切工作尚未开展，设在上海的中央局千头万绪，很多事都需要他这个"带头大哥"拍板。

　　于是乎，在马林的坚决要求下，在马林特派代表包惠僧的劝说下，1921 年 9 月 9 日，陈独秀辞去广州的职务，回到上海，回到渔阳里 2 号，确实负起党的领导责任。

　　陈独秀一生里吃过很多苦头，经常陷入生存困境，到广州担任广东政府教育委员会委员长，可以说是"高官厚禄"，比起干"职业革命"的微薄津贴，不知要强了几许，但他还是毅然决然选择了革命……

　　陈独秀性格也是雷厉风行，一到上海，马上着手开展工作，一时之间，渔阳里 2 号，再次人来人往。张国焘对此回忆道："他的到来使我们大为兴奋。他一见面就向我表示对大会的成就甚感满意，准备立即负起书记的责任，积极地工作起来。"

这立即受到了法租界当局的注意。

10 月 4 日下午，渔阳里 2 号的黑漆大门前，来了三四个陌生人。他们敲开门后，也不说话，立即冲进屋里，把陈独秀和妻子高君曼押上了警车，一同被押走的还有当时正在陈家的包惠僧、杨明斋、柯庆施等五人。

他们被送到了薛华立路（今建国中路）法国总巡捕房，当时的巡捕并不认识陈独秀，于是陈独秀报了个假名"王坦甫"，包惠僧等几人也都报了假名，经过拍照、登记和按指纹印后，拘押在一边。谁知，没过多久，陈独秀等人就看见邵力子和褚辅成也被带到了巡捕房。

原来，邵力子带褚辅成去渔阳里寻找陈独秀，结果被等候在那里的暗探拘捕。

褚辅成，曾任 1917 年孙中山广州非常国会的副议长，老同盟会员，称得上是沪上名流，却无一丝一毫的对敌斗争经验。

而陈独秀多少也算是老革命了，一见他们，赶紧向二人递了个眼色，以示不认识。谁知褚辅成见到陈独秀，心中着急，已然开口："仲甫，怎么回事，一到你家就把我们搞到这里来了！"倒霉催的，陈独秀就此暴露。

这是陈独秀一生中第三次被捕，真是命运多舛。

第一次被捕，在 1913 年 7 月，二次革命失败后，陈独秀逃往上海，在途经芜湖时被驻军龚振鹏捆绑起来，经人斡旋后获释。

第二次，1919 年 6 月 11 日，陈独秀在北京城南香厂路新世界游艺场散发传单时，被捕入狱，被释放后，还是格外受到当局的关注，住处受到监视，后来因此跑到上海，去武汉作演讲，结果北京家中又遭到监视，一回北京，被李大钊接走，送到天津，这就是本书开头所述的内容。

没想到如今在上海第三次被捕，马林一听到消息，立即开展营救。此前，两个人的关系并不好。陈独秀和马林第一次见面，并不愉快，可以说是大吵了一架，马林戏称陈独秀为"火山"，动不动就会"爆发"。

其实，陈独秀是以一个爱国者的骄傲在表明中国共产党人的尊严。当时，马林按照第三国际的体制，认为第三国际是全世界共产主义运动的总部，各国共产党都是第三国际的支部，中国共产党的工作方针、计划应在第三国际的统一领导下进行。而陈独秀认为中国共产党尚在幼年时期，一切工作尚未开展，似无必要戴上第三国际的帽子，中国的革命有中国的国情，目前也不必要国际的经济援助……两人就此争吵起来！

马林的翻译张太雷也跟陈独秀说，全世界的共产主义运动，都是在第三国际领导之下，中国也不能例外。陈独秀听后大怒，把桌子一拍，说道："各国革命有各国情况，我们中国是个生产事业落后的国家，我们要保留独立自主的权力，要有独立自主的做法，我们有多大的能力干多大的事，决不让任何人牵着鼻子走。"说完拿起皮包出门要走。张太雷笑着请他坐下来谈，陈独秀不理，很气愤地走了。

陈独秀由此情绪大落，张国焘回忆道："第二天，当我见着他的时候，他的态度有些冷淡了。他说要花点时间料理私事，不愿立即举行中央的会议，也不愿与马林见面。"

好在马林心胸还算坦荡，也放下心中芥蒂，四处奔走，动用共产国际的活动经费，一方面打通法国总巡捕房的各个"关节"，以免陈独秀在狱中受刑，一方面邀请当时上海著名的法国律师巴和出庭为陈独秀辩护。

负责中央宣传工作的李达迅速通报各地报馆，一时间，陈独秀被捕一事经各大媒体报道，引起广泛关注，上海乃至全国各界人士积极开展营救活动。同时，李达和张太雷马上联络了一批社会名流出面为陈独秀保释，他们还联名给孙中山发电，请他设法营救，孙中山为此专门给上海法租界领事拍了电报。

5 日，法租界对陈独秀等人进行公堂初审，由巴和进行辩护。陈独秀说：他们均是我的客人，高是家庭妇女，他们在打牌，有事我负责，和客人无关。法庭由此"奉判陈独秀准交五百元，人洋铺保，候展期两礼拜再讯。其余诸人，均交原保"。

19 日，法租界再次进行会审，陈独秀被控二端："一、违背公堂本年二月间禁售新青年的堂判。二、违反新刑律二百二十一条之罪。"

但均因缺乏有力证据，律师抗辩成功，因而公堂作出"陈仍交原保，候七日后宣布堂谕。其余五人，均判无关系省释"的辩证终结。

26 日，法庭终于宣判，谓："搜获书籍虽多，尚无激烈言论。惟查出新青年有违前次堂谕，判罚洋一百元了案。"

陈独秀出狱后，改变了对马林的态度，张国焘对此也有回忆："他们两人似都饱受折磨，也各自增加了对事势的了解，好像梁山泊上的好汉'不打不成相识'，他们交换意见，气氛显得十分和谐。"

出狱没多久，陈独秀抖擞精神，向各地党组织发出了《中国共产党中央局通告》，对党、团、工会以及宣传工作进行了通告，在宣传出版工作一项中，通告指示中央局宣传部在 1922 年 7 月以前，必须出版关于纯粹的共产主义书籍二十种以上……可见，陈独秀作为党的书记，抓起宣传出版工作来，还是格外认真的。

谁知 1922 年 8 月 9 日，陈独秀新居环龙路（今南昌路）铭德里 2 号又闯进一帮凶神恶煞的"客人"，带队的法国探长声称："我们接到探报，你家中藏有违禁书籍，特来搜查。"结果查出所谓"鼓吹过激主义书刊报纸多种"，其中包括了《新青年》。

这是陈独秀第四次被捕。

说起来，真是无巧不成书，早在 1919 年 6 月 8 日，陈独秀曾在其主编的《每周评论》上发出战斗宣言称："世界文明发源地有二：一是科学研究室，一是监狱。我们青年要立志出了研究室就入监狱，出了监狱就入研究室，这才是人生最高尚优美的生活。从这两处发生的文明，才是真文明，才是有生命有价值的文明。"

陈独秀被拘留后，《晨报》发表一位大律师评论称："陈独秀著作中对共产主义谈及甚多，但他认为中国目下的情形，还没有到实行共产的时候，实与鼓吹共产者不同。"

3 天后，在法公堂进行预审，巴和帮办及博勒律师为陈独秀作辩护，博勒律师做了延期审讯的申请："巡捕房称陈独秀私藏违禁书籍和过激书刊，我们尚未研究，请法官延期审讯。"

报纸刊出了陈独秀案将于不日接受宣判的消息，更加激起全国义愤，各方积极开展了营救活动。

8 月 18 日，法公堂复审时，博勒律师为之辩护称："捕房讲陈独秀是共产党，证据不足。陈独秀在著作中提到共产党，只是说说而已，并无共产党之实。巡捕房讲陈独秀宣传过激，陈独秀家中确实有《新青年》杂志，但他家仅有此书，并无印刷设备，因此也不违背法租界条例。"

最后，法租界会审官以陈独秀虽"无共产党之实，但《新青年》有宣传过激思想"为由，判决罚款 400 元大洋，由保人保出，所抄书籍全部销毁。

但是在所有中国早期共产党人的心中都有一杆秤——杂志可以销毁，马克思主义又怎能被销毁一尽？火种早已播下，化成了人们眼中的满天星光，又有什么可以将之熄灭？

蔡和森成为《向导》的灵魂

水光潋滟晴方好，山色空蒙雨亦奇。欲把西湖比西子，淡妆浓抹总相宜。1922 年 8 月 29—30 日的杭州西湖，陈独秀、李大钊、蔡和森、张国焘、高君宇、张太雷等 6 名中共党员与共产国际代表马林齐聚一堂，在这里举行中共中央执行委员会特别会议。

此时中国共产党的早期出版业处于低潮，不仅《新青年》于当年 7 月停刊，中共创办的工人刊物如《劳动界》《劳动音》《劳动周刊》也由于各种原因纷纷停刊，仅有团中央机关刊物《先驱》幸存，远远不能满足中共宣传工作的需求。特别会议研究党的宣传工作时，决定在北京创办一份《远东日报》，但共产国际代表马林认为，这样大的机关报，目前并不适宜，最好办一个周报。这就是《向导》的由来。

9 月 13 日，《向导》周报在上海出版，作为中共中央政治机关报，由蔡和森担任主编。中共早期领导人陈独秀、瞿秋白、李达等人，既是《向导》的编委，又是主要撰稿人。陈独秀不仅为《向导》题写了刊名，还作了发刊词《本报宣言》：

> 现在最大多数中国人民所要的是什么？我们敢说是要统一与和平。为什么要和平？因为和平的反面就是战乱，全国因连年战乱的缘故，学生不能求学，工业家渐渐减少了制造品的销路，商人不能安心做买卖，工人农民感受物价昂贵及失业的痛苦，兵士无故丧失了无数的性命，所以大家都要和平。为什么要统一？因为在军阀割据互争地盘互争雄长互相

猜忌的现状之下，战乱是必不能免的，只有将军权统一、政权统一，构成一个力量能够统一全国的中央政府，然后国内和平才能够实现，所以大家都要统一。我们敢说：为了要和平要统一而推倒为和平统一障碍的军阀，乃是中国最大多数人的真正民意。近代民主政治，若不建设在最大多数人的真正民意之上，是没有不崩坏的。

所谓近代政治，即民主政治、立宪政治，是怎样发生的呢？他的精髓是什么呢？老老实实的简单说来，只是市民对于国家所要的言论、集会、结社、出版、宗教信仰，这几项自由权利，所以有人说，宪法就是国家给予人民权利的证书，所谓权利，最重要的就是这几项自由。所以世界各种民族，一到了产业发达人口集中都市，立刻便需要这几项自由，也就立刻发生民主立宪的运动，这是政治进化的自然律，任何民族任何国家可以说没有一个例外。十余年来的中国，产业也开始发达了，人口也渐渐集中到都市了，因此，至少在沿江沿海沿铁路交通便利的市民、若工人、若学生、若新闻记者、若著作家、若工商业家、若政党，对于言论、集会、结社、出版、宗教信仰，这几项自由，已经是生活必需品，不是奢侈品了。在共和名义之下，国家若不给人民以这几项自由，依政治进化的自然律，人民必须以革命的手段取得之，因为这几项自由是我们的生活必需品，不是可有可无的奢侈品。可是现在的状况，我们的自由，不但在事实上为军阀剥夺净尽，而且在法律上为袁世凯私造的治安警察条例所束缚，所以我们一般国民，尤其是全国市民，对于这几项生活必需的自由，断然要有誓死必争的决心。"不自由毋宁死"这句话，只有感觉到这几项自由的确是生活必需品才有意义。

现在的中国，军阀的内乱固然是和平统一与自由之最大的障碍，而国际帝国主义的外患，在政治上在经济上，更是箝制我们中华民族不能自由发展的恶魔。北京东交民巷公使团简直是中国之太上政府：中央政府之大部分财政权不操诸财政总长之手，而操诸客卿总税务司之手；领事裁判权及驻屯军横行于首都及各大通商口岸；外币流通于全国；海关邮政及大部分铁路管理权，都操诸外人之手；银行团及各种企业家，一齐勾串国内的卖国党，尽量吸收中国的经济生命如铁路矿山和最廉价的工业原料等；利用欺骗中国人的协定关税制度，箝制中国的制造业不能与廉价的外货竞争，使外货独占中国市场，使中国手工业日渐毁灭，使中国永为消费国家，使他们的企业家尽量吸收中国的现金和原料，以满足他们无穷的掠夺欲。在这样国际帝国主义政治的经济的侵略之下的中国，在名义上虽然是一个独立的共和国，在实质上几乎是列强的公共殖民地。因此我中华民族为被压迫的民族自卫计，势不得不起来反抗国际帝国主义的侵略，努力把中国造成一个完全的真正独立的国家。

现在，本报同人依据以上全国真正的民意及政治经济的事实所要求，谨以统一、和平、自由、独立四个标语呼号于国民之前！

陈独秀在这篇文章中鲜明地呼号中华民族的前进方向——统一、和平、自由、独立！此后，他成为《向导》的核心撰稿人，在总共 201 期《向导》中，有 155 期登载过陈独秀的文章。

蔡和森作为主编，在《敬告本报读者》一文中，对《向导》

的定位是"中国民众的喉舌","中国革命运动中不可少的先锋",指出："本报并不像别的报纸一样,只是空发议论。本报所发表的主张,是有数千同志依着进行的。"他称赞"工农阶级是中国革命运动的柱石","是政治斗争中最伟大的势力"。

蔡和森,湖南湘乡人,比毛泽东小两岁。他曾说过："猎取功名,升官发财,不是我们要走的路,我们读书为的是'改造社会'。"

蔡家原本是一大户人家,后来家境中落。蔡和森从小就帮助家里干农活,放牛、割草、插禾,熟悉农民的生活。13 岁时他到"蔡广祥酱园"当学徒,工作非常劳累,经常遭到店主打骂和欺辱,深知底层人民的疾苦。

1918 年,蔡和森与毛泽东等发起组织"新民学会",他们俩曾各带一把雨伞,脚穿一双草鞋,身无分文走遍湘阴、岳阳、平江、浏阳等县,深入农村、乡镇,接触社会各阶层人士,询问经济状况,了解风土民情,进行大规模的社会调查。

他们在外游历半个月才归,回家时,蔡母问他们："你们身无分文,在外生活怎么过?"蔡和森回答道："我们见人说话,遇事帮忙,给人家送副对联,别人就给我们饭吃。看来,天下农民是一家!"

时人有云："还远在五四运动以前,在湖南一般先进青年中就盛称'毛蔡'之名,而奉之为表率。"并有"和森是理论家,润之是实践家"一说。

1920 年,25 岁的蔡和森与母亲葛健豪等人赴法国勤工俭学,在巴黎参与组织"世界工学社"。这一期间,蔡和森被誉为"小马克思"。有同学曾回忆："当时勤工俭学生中信仰马克思主义的,谁也没有他那么坚定,研究马克思主义的,谁也没有他那样深刻。"

他与向警予、周恩来、赵世炎等人一起筹组中国共产党旅欧早期组织，是"法国支部的创始人"之一。蔡和森多次致信毛泽东，第一次提出"明目张胆正式成立一个中国共产党"的主张，毛泽东复信，称赞他的主张"见地极当，我没有一个字不赞同"。

在留法勤工俭学期间，蔡和森就深感"国内言论沉寂，有主义有系统的出版物几未之见，至于各国社会运动的真情，尤其隔膜得很"，他极渴望将自己"读书阅报之所得，做一种有系统有主张极其鲜明强固的文化运动"。在同毛泽东通信谈到建党打算时，他更是特别强调要"公布一种有力的出版物"。可以说，做传播马克思主义的出版业，是蔡和森多年夙愿。

1921 年，蔡和森回国，在党中央工作，中共二大时被选为中央委员。他寡言沉着，不修边幅，但思想锐敏，学识渊博，既有很高的马克思主义理论水平，又有脚踏实地的务实精神。

多年夙愿终于得圆，惜乎条件极差。《向导》刚创办时，编辑人手少，许多具体工作都由蔡和森一人承担，不仅要写稿，还要组稿、校对，一天忙到晚，十分劳顿。那时，蔡和森身体不好，经常带病工作。张国焘回忆称，蔡和森的气喘病发作时，"呼吸急促得像一座扇火的风箱，呼呼的作响；但他从不听人劝告，中止工作，好好养病。他往往记不起吃饭，进膳的时间当然不规律，他室内的书刊报纸，堆得乱七八糟，没有秩序，甚至不够清洁。他疲倦了，会不解衣不脱鞋，倒在床上就睡；一会儿，又骨碌地爬起来继续工作。"

负责印行《向导》的徐梅坤常去蔡和森家索取需交付排印的稿子，每次见面，蔡和森总是忙得不可开交，连说话都舍不得多占时间，把稿子收下后，马上又埋头写作。为了赶写文章，他还常常通宵达旦，彻夜不眠，甚至哮喘病发作，仍伏案编撰，直到天明。这种忘我的工作态度和革命事业心，令人折服。

蔡和森既是《向导》主编，也是重要的撰稿人，单独署名的文章有 130 多篇，与向警予一起以"振宇"联合署名文章 36 篇，这 160 多篇文章里，既有五六千字的长篇政论，也有二三百字的随感短文，还有一二千字的时事评论，但无论长文或短论，都具有观点明确、说理透彻、通俗易懂的特点，为广大读者所喜爱，文章多以"和森"署名，也用"本报同人""记者"等。

西湖会议确定了与孙中山领导的国民党合作的方针，决定共产党员以个人身份加入国民党。蔡和森认为，"加入国民党后应保存党的独立性"。因为国民党天生具有软弱性和妥协性，孙中山想依靠某派军阀和某一"友邦"来实现中国统一是做不到的。在第一期刊发的《统一，借债与国民党》一文中，他写道："为中国人民根本祸患的就是国际帝国主义与封建的旧势力"，并指出"革命党要继续革命才能存在的，靠旧的军阀势力之均衡，是不能存在的。"

在《外报鼓吹国际管理中国之又一论调》中，蔡和森说："帝国主义不打倒，中国内乱永无停止的希望，欲停止内乱，只有打倒帝国主义。"

1922 年 12 月，蔡和森率先提出了帝国主义是"纸老虎"的观点，在《反对"敦请一友邦"干涉中国内政》一文中指出："外国帝国主义与中国的关系，就是侵略与被侵略的关系，甚么'友谊''友邦'都是骗人的鬼话。"

蔡和森认为，必须彻底揭露帝国主义的虚弱本质，才能把民主革命进行到底。在 12 月《向导》第 13 期上，他发表《革命中的希腊》说："戳穿了的纸老虎是吓不住民众势力之发展的。"

当时的北京大学教授胡适著文诬蔑《向导》揭露帝国主义侵

略"很像乡下人谈海外奇闻"。

大家都是喝过洋墨水的，蔡和森也不客气，在《向导》上驳斥胡适，指他充当帝国主义辩护士。蔡和森指出，中国的军阀内战，譬如直皖战争、直奉战争等无不有帝国主义的支持和操纵。他在《向导》上辟有"外患日志"专栏，将帝国主义的暴行逐日揭载，以触目惊心的大量事实激起全国人民的爱国热情，从而使反帝爱国口号日益深入人心。

两年后，在1924年10月《向导》第88期上，蔡和森又发表《商团击败后广州政府的地位》一文，指出英帝国主义支持的商团是"反革命的纸老虎，经十五日那一日的恶战便完全戳穿了"。

对于两年前与胡适的论战，蔡和森回忆道："本报初揭载国际帝国主义侵略中国之理论事实时，北京大学教授胡适之目为海外奇闻，现在这种海外奇闻竟成为普遍全中国的政治常识。"

主张彻底打倒军阀统治，是蔡和森与胡适的又一论战场。蔡和森指出中国的政治问题，"非继续革命，完全打倒军阀，解除封建阶级的武装不能解决"。他尖锐揭露各地大小军阀，以武力统一和联省自治等为幌子，暗中实行争权夺利的卑鄙伎俩，借此指出解决中国政治和社会问题的唯一出路，只有实行彻底的民主革命。

胡适在《努力》周报上"大胆"肯定，打倒军阀割据的第一步在"联省自治"，蔡和森针锋相对："我们也可以大胆告诉胡适之先生：打倒军阀割据的第一步，在民主革命。"

1924年1月，国民党一大确立国共合作后，国民党右派仍然极力反对共产党，反对孙中山"联俄、联共、扶助农工"的三大政策。蔡和森以《向导》为阵地，与国民党右派进行针锋相对的斗争。他发表了许多揭露右派的文章，指出了国民党右派的反动性和中派的动摇性，要求共产党人提高革命警惕性。他在《向导》第 113 期上发表《何谓国民党左派》一文中提出："我们共产派是时时刻刻准备帮助国民党左派的。"

蔡和森通过《向导》，极力主张发展工农运动，使之成为国民革命的"中坚"。1925 年 4 月，他明确提出了建立"农民运动之武装"的重要性，指出："只有工农阶级是忠于反帝国主义和民族革命的台柱子"，"我们工农阶级唯有增强反帝国主义斗争，才有领导中国民族达到真正的解放"。

在《向导》第 11 期中，他发表《今年五一之广东农民运动》一文称："谁要忠于革命，谁便更应求明白帮助工农阶级发展的意义。"认为必须"站在全国人口百分之九十以上的真正革命阶级（工农阶级）方面"，"除此以外，没有别的出路。"

1927 年 7 月 8 日，蔡和森不顾个人病情恶化，在《向导》上发表《国家统一与革命势力的联合》一文，对国民党右派借口"国家统一"，破坏革命统一战线的反动舆论，给予严厉驳斥："革命势力的联合便是国家统一的动力"，"凡是不愿意国家统一、人民解放的人们，他们必定首先反对或破坏革命势力的联合。"他号召一切受帝国主义和军阀宰割蹂躏的人民，誓同"反联合战线"的敌人斗争到底！

《向导》创刊初期，版式上更像报纸，创刊号无封面，无封底，也无目次表，总共 8 个页面，首页顶端第一行是英文名称"The Guide Weekly"，四号黑体铅字排印；第二行是中文刊名"向导"，特号行书，此两行皆为横排居中。中文刊名下方为出刊周期、总发行所等；右侧为出版时间和定价，左侧为分售处，与正文内容一起采用当时报刊通行的竖排版格式。

到 1926 年第 144 期起，《向导》完成了由报到刊的转变，首页为刊名和目录页，初具封面的形式。刊名位于首页上半部，依然由中英文构成，居中横排，刊名下方为期号。在刊名、期号下为"目次"，刊列所有文章标题与作者，居中竖排。出版日期由原来的横排改为竖排，居于左下方。

《向导》创刊时不分栏目，第 3 期起，增设"通信"栏目，架起读者与编者之间的桥梁。第 7 期起新设"时事评论"，以增强舆论指导，又辟"读者之声"栏目，以反映读者的声音，了解、答复民众比较关心的革命问题。有些读者多次投稿"读者之声"，如广州大学法科教员梁明致针对阶级斗争问题，多次去信，并以《对阶级争斗的一个疑问》（第 144 期）、《对于阶级斗争的讨论》（第 146 期）、《三论阶级斗争》（第 150 期）为名发表。

《向导》及时报道和评论时事，以指导现实斗争，时评特点极为突出。从第 25 期起，"时事评论"分为"中国一周"和"世界一周"，主要介绍一周内国内外发生的大事，并通过简评培育国民反帝反封建的革命斗志。

第 55 期起，"中国一周"和"世界一周"又合为"时事评论"，恢复较长的论述；并借鉴《前锋》开辟了"寸铁"专栏，主要撰稿人为陈独秀，发表其短小精悍的论说文，言辞犀利、尖锐。

第 64 期起，蔡和森为《向导》新设"外患日志"，揭露帝国主义欺凌中国的罪行，激发国人的爱国热情。此外，不定期辟有"什么话""国民常识""余录""肉麻世界"等栏目，显得灵活多样。

《向导》前 5 期总发行所在老西门肇浜路兰发里 3 号；第 6 期起，为了加强对北方工人运动的指导，增设北京后门内景山东街中老胡同 1 号为发行所。不过，当时北京的新闻管制严于上海，由于《向导》创刊时并未向邮局登记，刊物上也未署明发行人的姓名和身份，在新闻管制相对自由的上海或许可行，在北京却造成诸多不便，许多函件无法收到。

当时蔡和森朋友罗章龙在北大就读，蔡和森提出由他担任《向导》在北京总发行的代理人。于是，罗章龙就以罗敖阶的名字，向邮局办理了发行登记手续。

自第 8 期起，发行通讯处为上海老西门肇浜路兰发里 3 号，及北京大学第一院收发课转罗敖阶。上海总发行所负责长江流域和珠江流域各省的订阅，北京总发行所负责黄河流域和关外各省的订阅。

1923 年 4 月，中共中央南迁广州，《向导》自第 21 期起随迁至广州昌兴新街 28 号。

不过，《向导》发行受到国民党右派的牵制，第 26 期起总发行所迁至杭州马坡巷法政学校。随后一年多时间里，总发行所即在广州、杭州之间徘徊。

1924 年 10 月第 86 期起，《向导》又迁回上海，在英租界上海大学内编辑出版，很快引起工部局的注意，12 月 9 日，上海工部局警务处和静安寺捕房派人搜查了上海大学、慕尔鸣路 307 号等处，没收了大量书籍、报刊。

为安全起见，《向导》不得不将上海通讯处改在杭州。此后，发行通讯处不断在杭州、广州、北京、开封等地更换，但一直在上海出版。

1925 年，毛泽东大弟毛泽民来上海担任中央出版发行部经理，主持上海书店，负责《向导》等中央中央机关刊物的发行。在不断遭到封锁查禁的情况下，毛泽民带领出版发行部将上海书店迅速扩展到全国十几个城市，《向导》的分售处也由上海、广州、北京、长沙 4 个城市，扩展到宁波、武昌、福州、开封、香港、汕头、芜湖、太原、潮州、重庆、南京、宝庆、黄梅、成都、绍兴等十几个城市，还在法国巴黎、德国柏林设有分售处。

关于定价，创刊号上明确交代，"每份连邮费大洋三分，以后有增刊不另加价"。

第4期时，规定零售价每份铜元四枚，半年大洋七角，全年大洋一元三角。按当时上海的银元、铜元比价，大洋一元折合174.7铜元，铜元四枚相当于大洋2.23分，有所减价。

1923年5月第26期起，售价调整为每份铜元三分，全年大洋一元三角，半年七角，售价中包含国内邮费。

由于有读者写信去称："向导这个刊物要想做到刷新一般青年的混乱思想，除非设法多多的传入青年中间去；要想多多传入青年中间去，则非将报价减低不可"。

1924年11月第92期起，分为代派、订阅和零售，"代派：每份大洋二分，三百份以内五折，三百份以外四折，寄费在内，十期清算一次；订阅：国内一元寄足60期，国外一元寄足35期，邮费在内；零售：每份铜元四枚"。由于当时铜元、银元的比价处于不断变动中，此时大洋一元折合铜元为206.4，零售价铜元四枚约相当于大洋1.94分，代派的折扣较大，所以此时的价格与之前相比，有所下调。

此后，《向导》页面增加一倍，但零售价四枚铜元，约合大洋不过2.23分，代派、订阅另有折扣，与初创时略为便宜。不过，1926年8月6日，"读者之声"栏目刊出《豆腐涨价与向导周报》说："贫苦的农民看到豆腐由五文涨到十文都要惊骇，更说不到买向导了"，认为《向导》售价偏高。当然，嫌价的才是识货人，这也从另一侧面，反映了《向导》的受欢迎程度。

由于，《向导》影响大，传播广，自问世以来，被地方军阀封闭了无数次。《向导》的命运，可谓"喜忧参半"。其实，越封闭，影响力越大。《向导》在革命斗争中起了极大的领导作用，真正成了全中国革命的向导，最初发行仅 3000 份，每期出版后立即售光，但因经费所限，不能增加印数。

第一次国共合作建立以后，《向导》发行量猛增至 3 万份，在上海、北京、广州、湖南、河南 5 个地方分别出版，最高印数达10 万余份。

1923 年 3 月 11 日，叔隐、清明、语罕从德国致信《向导》称："《向导》是四万万蹑在国内外强盗脚下苦难同胞的赤卫军之先锋队。笔底惊雷万鬼苦，天昏月黑一星赤。你们的声光的波浪，已飞渡重洋，传入我们的心灵，如梦初觉！劳动群众得此'大雄无畏'、'单刀直入'的《向导》，敌在眼前，枪在手中，决战非遥，胜算可操。"给予极大的赞誉。

1923 年 11 月，中共中央也在一份报告中指出，党所创办的《新青年》季刊、《前锋》月刊和《向导》周报三种刊物中，"《向导》在社会上稍有影响"。1925 年 1 月，中共四大再一次充分肯定《向导》周报通过几年的奋斗，终于"得立在舆论的指导地位"。

上海工部局一份警察刊物，曾把一期《向导》全部译成英文；北京所有议员到处寻找《向导》。当时有读者称《向导》是"暗黑的中国社会的一盏明灯"，是中华民族的"福音"；"唤醒了不少在迷梦中的青年"。远在德国的读者作诗称颂《向导》"笔底惊雷万鬼苦，天昏月黑一星赤！"

萧三回忆说，《向导》"在领导中国人民反帝反封建的民主革命斗争中，确实起了向导和灯塔的作用"。

还在留法期间，蔡和森就表示，"一个革命者的目光应该看到生活在社会底层的人民的痛苦"。蔡和森主编《向导》，以深刻的思想内涵和鲜明的战斗风格，着力宣传马克思主义和党的民主革命纲领、路线和各项政策，极力主张发展推动工农运动，唤起广大群众参加国民革命。可以说，他主编《向导》的3年时间，是这个刊物办得最好的时期。每期都有重要文章，出自他的手笔，蔡和森的名字与《向导》深深地联系在一起。毫不夸张地说，《向导》的灵魂就是蔡和森。

1935年，有人这样评价蔡和森道："由于他的笃于友爱的性格，使他对于国家民族，对于全国同胞发展了最伟大的友爱，不惜牺牲一切以为国家民族，全国同胞求解放。"

1979年，当年与蔡和森一同工作过的罗章龙回忆说："他所写的文章观点鲜明、文笔酣畅，宣传鼓动作用很大。在我们这一辈人中，只要一提到《向导》，就自然地把它与和森的名字联系在一起。他的贡献之大、影响之深，就可想而知了。"

而他的同乡兼战友毛泽东的评论是："一个共产党员应该做的和森同志都做到了！"

《新青年》季刊与瞿秋白译唱《国际歌》

　　一列火车在白山黑水间奔驰，窗口上一个青年正在极目远眺，窗外雄浑的景致将他的心思一会儿带向过去，一会儿带向未来……

　　这个青年就是瞿秋白，他正在去往俄罗斯的路上。此次，21 岁的瞿秋白是受北京《晨报》聘请，以该报特派记者的身份，去苏维埃俄国进行采访。当两年后他回来时，已经成为一个信仰坚定的共产主义者。

　　瞿秋白，江苏省武进人，由于母亲金衡玉于文史诗赋颇有修养，瞿秋白幼年起就开始背诵唐诗，5 岁到庄氏书馆读书，入塾第一天，先生教了他八个字："聪明伶俐，青云直上。"放学回家，母亲问他学了什么，他一边写给母亲看，一边得意地说："早已晓得了。"

　　由此，少年瞿秋白便有了"才子"之称。

　　1909 年，瞿秋白 10 岁，考入常州府中学堂预科，第二年转入本科，和张太雷成为同学。这所学校的校长屠元博曾经留学日本，并加入同盟会，因此校风比较开明、进步。学生思想活跃，很多人都倾向于革命。当武昌起义的消息传来时，瞿秋白立即就把辫子剪下，对母亲说："皇帝倒了，辫子剪了。"

　　民国成立了，葬送了腐朽的封建时代，但根子上仍旧一穷二白，得着喜乐的只是少数人，更多的人还沉沦在悲惨世界里。瞿秋白就深深感受到了那悲惨时代的黑暗的灼烧。他所出生的大家庭不久就趋于没落、衰败，到 1914 年，一家八口人的生活全靠借债维持。家中景况日益困窘，令瞿秋白更加体会到民生多艰。

一次，他在街头遇见一位老农给自己的女儿插上草标售卖，他看着低垂头颅的那个小女孩，不忍心看下去，感觉就好像在卖自己的妹妹一般苦痛难言。这时，一个头戴阔边礼帽的胖子从身边走过，瞿秋白心中感慨万分："什么时候，大胖子要饿瘦了，天下人就好过了。"

可悲的是，胖的更胖，瘦的更瘦，瞿秋白一家到了一穷二白的地步，祖母生病欠下的陈年老账在房门后贴了有一寸来厚，讨账的人络绎不绝。瞿秋白母亲绝望了，最后于1916年正月初五日服毒自杀，17岁的瞿秋白为此写下了一首《哭母》诗：

> 亲到贫时不算亲，
> 蓝衫添得泪痕新。
> 饥寒此日无人问，
> 落上灵前爱子身。

1917年，瞿秋白辗转抵京，谋求出路，常到北京大学文学院听陈独秀、胡适等人讲课，9月，考入免费招生的俄文专修馆。

瞿秋白极为用功，加之记忆力极强，很快精通了俄语，并开始翻译和介绍外国文学，特别是俄国文学作品。1919年9月15日，他翻译的托尔斯泰短篇小说《闲谈》发表，这是瞿秋白第一篇文学译作。此后，陆续翻译发表了果戈理的短剧《仆御室》及小说《妇女》、法国都德的小说《付过工钱之后》等。他还和耿济之共同翻译了托尔斯泰的十篇短篇小说，辑为《托尔斯泰短篇小说集》，由商务印书馆出版。

后来，鲁迅曾对冯雪峰评价瞿秋白"是个很有才华的青年……

翻译的文章耐看好看"。鲁迅还要求冯雪峰让瞿秋白直接翻译一些俄罗斯文艺理论方面的文章，并说："要他从原文多翻译这类作品！以他的俄文和中文，确是最适宜的了。"

1931年，曹靖华从苏联给鲁迅寄来《铁流》译稿，鲁迅检读后发现缺了序言，便委托冯雪峰请瞿秋白翻译。瞿秋白翻译的序文交到鲁迅手中，他一读之下，十分满意，在给曹靖华的信中高度赞扬说："那译文直到现在为止，是中国翻译史上空前的笔了。"由此可见瞿秋白之才华。

此时瞿秋白认为，"在中国这样黑暗悲惨的社会里，人都想在生活的现状里开辟一条新道路，听着俄国旧社会崩裂的声浪，真是空谷足音，不由得不动心……"

在这样的空谷足音的熏陶下，1919年11月1日，瞿秋白和朋友发起创办《新社会》，瞿秋白所作的《发刊词》说道：中国旧社会的黑暗，是到了极点了！他的应该改造，是大家知道的了！但是我们应该向那一方面改造？改造的目的是什么？我们应该怎样改造？改造的方法和态度，是怎么样的呢？我们是向着德莫克拉西一方面的改造中国的旧社会的。我们改造的目的就是想创造德莫克拉西的新社会——自由平等，没有一切阶级一切战争的和平幸福的新社会。

当然，这一切遥不可及。目下的中国是个"阴沉沉，黑魆魆，寒风刺骨，腥秽污湿的""黑甜乡"，这黑暗似乎没有尽头，光明离得很远很远。正如他的一首诗作《心的声音远！》所写的：

> 远！远远的……
> 青隐隐的西山，初醒了；
> 红沉沉的落日，初晴。

疏林后，长街外，

漠漠无垠，晚雾初凝。

更看，依稀如画，

平铺春锦，半天云影。

呻吟……呻吟……

——"咄！滚开去！哼！"

警察的指挥刀链条声，

和着呻吟——"老爷"

"赏……我冷……"呻吟……

——"站开，督办的汽车来了，

哼！"火辣辣五指掌印，

印在那汗泥的脸上，也是一幅春锦。

掠地长风，一阵，

汽车来了。

——"站开……"

白烟滚滚，臭气熏人。

看着！长街尽头，长街尽……

隐隐沉沉一团黑影。

晚霞拥着，微笑的月影。

远！远远的……

　　不过，遥远归遥远，仍可以上下求索、追寻。

　　1921年秋天，北京《晨报》和上海《时事新报》决定派出一批驻外记者，分赴英、美、法、德、俄诸国，采访和报道世界各国大势。两家报社发表了"共同启事"，内称："吾国报纸向无特派专员在外探取各国真情者，是以关于欧美新闻殊多简略之处，国人对于世界大势，亦每因研究困难愈趋隔阂淡漠，此诚我报一大缺点也。吾两报有鉴于此，用特合筹经费遴派专员，分赴欧美各国担任调查通讯事宜，冀稍尽吾侪之天职，以开新闻界之一新纪元焉。"

瞿秋白看到启事，大喜过望，立即前往应聘，他早就渴望去寻求一个和平幸福的新社会。

陈铁健在《瞿秋白传》中写道："革命后的俄国，似乎是'灿烂庄严，光明鲜艳，向来没有看见的阳光'的所在，是'红艳艳光明鲜丽的所在'。那里似乎有使人们觉醒的真理，有使中国从黑暗通向光明的火种。有志于救国救民的觉悟青年，应当到那里学到真理，把它播散给中国的劳苦大众；取得火种，把它点燃在中国的黑暗的大地。等待是不行的，'须得自己动手'，'拨开重障'，'为大家辟一条光明的路'，'担一分中国再生思想发展的责任'。这种强烈的'内的要求'驱策着瞿秋白到俄国去。"

凭借着过硬的俄文造诣，不凡的文学素养，他赢得了《晨报》一席驻外记者的身份。

1920 年 10 月 16 日一大早，瞿秋白从北京出发，同行者为李宗武、俞颂华。到站送行的亲友包括瞿纯白、瞿菊农、郑振铎、耿济之等人，看到瘦弱的瞿秋白连件皮大衣也没有，大家对他的苏俄之行不免感到担心。

看起来，他显得有些弱不禁风，只是脸上一副淡定、从容的神色，眼中闪耀着光亮。

到了哈尔滨，停留了一段时间。1920 年 11 月 7 日，十月革命三周年这一天，正当李达和王会悟举行婚礼，《共产党》月刊出版之际，瞿秋白参加了由在哈俄国人举办的十月革命纪念会。瞿秋白坐在纪念会的演说坛上，第一次听到《国际歌》，他感觉

"声调雄壮得很",于是,他的心也这样雄壮起来。

1921年1月25日晚11时,瞿秋白一行终于抵达莫斯科雅洛斯拉夫车站。他感觉"幸而见着心海中的灯塔,虽然只赤光一线,依微隐约,总算能勉强辨得出茫无涯际的前程"。

苏维埃俄国,为瞿秋白揭开了宏大的画幅。

他以记者身份参加俄共(布)第十次代表大会,写下长篇通讯《共产主义之人间化——第十次全俄共产党大会》,在北京《晨报》上连载了三个月,指出苏维埃俄国"确为世界上开一新纪元"。并指出:"实行共产主义真是伟大,而且艰巨的'工程'。""俄国革命史是一部很好的参考书呵!"有人称这真是意味深长。

1921年6月22日,共产国际第三次代表大会在莫斯科大剧院举行开幕式,瞿秋白以记者身份出席。他报道大会的盛况说:"大剧院五千余座位都占得满满的,在台上四望,真是人海,万头攒动,欣喜的气象,革命的热度已到百分。……鼓掌声如巨雷,奏《国际歌》。"

开幕式后,共产国际代表大会在克里姆林宫安德莱厅进行。7月6日,瞿秋白在这里看到了列宁。列宁出席发言三四次,德语、法语均非常流利,谈吐沉着果断,演说时绝没有大学教授的姿态,而一种诚挚果毅的政治家态度流露于自然之中。

会间休息时,瞿秋白在走廊上遇见列宁。列宁亲切地指给瞿秋白几篇有关东方问题的材料,简略地谈了几句话,便道歉分别了。瞿秋白写道:"政治生活的莫斯科这次才第一次与我以一深切的感想呵。"

9月间,瞿秋白到莫斯科东方大学中国班担任翻译兼助教,学生有刘少奇、罗亦农、彭述之、任弼时、柯庆施、王一飞、卜士奇、萧劲光、梁柏台、蒋光慈、韦素园、曹靖华、胡士廉、许之桢等人。

在曹靖华眼中，瞿秋白真是诲人不倦："是一个兴趣广泛的人，知识很渊博，酷爱读书，也喜欢聊天。几乎每个星期日，我和韦素园都去找他聊天。真是书呆子碰到了书呆子，好像《天方夜谭》的人物似的，聊一千零一夜也聊不完。那聊天也是真正的学习，是生动活泼、引人入胜的学习。中国有句俗言：'与君一席话，胜读十年书。'和秋白同志的一夕谈，胜读百年书啊！"

这年 11 月 7 日，俄国十月革命四周年。瞿秋白在莫斯科迪纳摩工厂参加纪念集会，又一次看到列宁，他写道："无意之中，忽然见到列宁立登演坛。全会场都拥挤簇动。几分钟间，好像是奇愕不胜，寂然一晌，后来突然万岁声，鼓掌声，震天动地。""工人群众的眼光，万箭一心，都注射在列宁身上。大家用心尽力听着演说，一字不肯放过。……列宁末后几句话，埋在热烈的掌声中。"

1922 年 1 月 21 日，远东各国共产党和民族革命团体第一次代表大会在莫斯科举行。中国代表团由相当广泛的社会成员组成，中共代表是张国焘、国民党代表是张秋白；高君宇、王尽美、邓恩铭、瞿秋白、林育南、任弼时、罗亦农、俞秀松、柯庆施、萧劲光、贺衷寒、卜士奇、王象千等共产党员、社会主义青年团员，也分别以各地区、各团体代表的资格出席大会。

瞿秋白带病参加，感觉像"出高山——陡然呼吸一舒，好似长夏清早，登高山而望晓霞"。这时候他满怀激情写下壮丽的句子："一望远东，紫赤光焰，愈转愈明，炎炎的云苗，莽然由天际直射，烘烛烈烈，光轮轰旋，——呀！晓霞，晓霞！此时此际，未见烈日，——也许墨云骤掩，光明倏转凄暗，不然也只遥看先兆，离光华尚远；然而可以确信，神明的太阳，有赤色的晓霞为之先声，不久不久，光现宇宙，满于万壑。"他多希望远方的祖国也这样"光满万壑"啊。

11月5日到12月5日，共产国际第四次代表大会先后在彼得格勒和莫斯科举行，陈独秀、刘仁静代表中国共产党出席，瞿秋白是代表团译员，此前，他经张太雷介绍，加入了中国共产党。大会结束后，陈独秀邀请瞿秋白回国工作，遂于21日告别莫斯科。

在苏维埃俄国的两年时间里，瞿秋白为北京《晨报》撰写了各类通讯报道和《饿乡纪程》《赤都心史》两部散文集，预示十月革命的"一线光明"将"照遍大千世界"。

1923年1月13日，瞿秋白回到北京。"二七"惨案后，北方工运转入低潮，中央机关迁回上海。瞿秋白也离开北京到了上海，参与编辑《向导》，并为其撰稿，并筹备《新青年》的复刊工作及创办《前锋》。

还在北京期间，瞿秋白就发表过一篇评论《政治运动与智识阶级》，说中国先进的知识分子在五四运动中发挥了很大的作用，但有些人对此估计过高，没有看到知识分子的阶级分化及其复杂性，而忽视了工农群众的力量。他指出青年学生作为最新鲜的血液，应当对劳动平民负"重大的责任"，应当做"社会的喉舌""平民的先锋"。现在他终于成为了他所期望的"社会喉舌"中的一员！

《向导》是当时中共中央最重要的周刊，几乎每期都要对当时重要政治事件发表评论。瞿秋白以"巨缘"作笔名，在《向导》发表了《北京政府之财政破产与军阀之阴谋》《中国之地方政治与封建制度》《乐志华案是一幅中国的缩影》等文章。而他编发的文章，言之有物，长短结合，"寸铁""什么话"栏里的短文，三言两语击中要害。

　　1923 年 6 月 15 日,《新青年》季刊出版;7 月 1 日,《前锋》问世,瞿秋白同时担任这两个刊物的主编。当时,中共中央对党和团的中央机关报作了宣传上的厘定分工,规定:《新青年》季刊是"学理的马克思主义的研究宣传机关",《前锋》月刊是"中国及世界的政治经济的研究宣传机关",《向导》是"国内外时事的批评宣传机关"。

　　陈独秀为《前锋》撰写了《本报露布》:"我们认定国民运动是中国国家生命之救星,是备受压迫过困苦生活的仝中国人民之救星;我们在此运动中,不敢说是领袖,更不敢说是先觉,只愿当前锋,只愿打头阵。"

　　瞿秋白将《新青年》季刊创刊号编成"共产国际号"专刊,并亲自题写刊名,设计了封面。《新青年》季刊继承了《新青年》的编排格式,有独立的封面和目录页。封面为一幅监狱图片,从监牢的铁窗里,一只有力的手伸出来,手中握着鲜红的、飘展的旗子,铁窗下写着一句话:"革命党自狱中庆祝革命之声。"

　　瞿秋白所作的发刊词题为《〈新青年〉之新宣言》,其中写道:

　　　　《新青年》杂志是中国革命的产儿。中国旧社会崩坏的时
　　候,正是《新青年》的诞辰。于此崩坏的过程中,《新青年》
　　乃不得不成为革新思想的代表,向着千万重层层压迫中国劳
　　动平民的旧文化,开始第一次的总攻击。中国的旧社会旧文
　　化是什么?是宗法社会的文化,装满着一大堆的礼教伦常,
　　固守着无量数的文章词赋;礼教伦常其实是束缚人性的利
　　器,文章词赋也其实是贵族淫昏的粉饰。一九一一年十月十
　　日的中国革命,不过是宗法式的统一国家及奴才制的清朝宫
　　廷败落瓦解之表象而已,至于一切教会式的儒士阶级的思

想，经院派的诵咒画符的教育，几乎丝毫没有受伤。如何能见什么自由平等！可是中国的大门上，却已挂着"民国"招牌呢。当时社会思想处于如此畸形的状态之中，独有《新青年》首先大声疾呼，反对孔教，反对伦常，反对男女尊卑的谬论，反对矫揉做作的文言，反对一切宗法社会的思想，才为"革命的中国"露出真面目，为中国的社会思想放出有史以来绝未曾有的奇彩。五四运动以来，更足见中国社会之现实生活确在经历剧烈的变迁过程，确有行向真正革命的趋势，所以《新青年》的精神能波及于全中国，能弥漫于全社会。《新青年》乃不期然而然成为中国真革命思想的先驱。

《新青年》自诞生以来，先向宗法社会、军阀制度作战，革命性的表示非常明显。继因社会现实生活的教训，于"革命"的观念，得有更切实的了解，知道非劳动阶级不能革命，所以《新青年》早已成为无产阶级的思想机关，不但对于宗法社会的思想进行剧激的争斗，并且对于资产阶级的思想同时攻击。本来要解放中国社会，必须力除种种障碍：那宗法社会的专制主义，笼统的头脑，反对科学，迷信，固然是革命的障碍；而资产阶级的市侩主义，琐屑的对付，谬解科学，"浪漫"，亦是革命的大障碍。因此种种，《新青年》孤军独战，势不均力不敌，军阀的统治，世界帝国主义的统治，如此之残酷，学术思想都在其垄断、贿买、威迫、利诱之下，无产阶级的思想机关既不得充分积聚人才能力之可能，又内受军阀的摧残，外受"文明西洋人"的压迫，所以困顿竭蹶，每月不能如期出世，出世的又不能每期材料丰富。然而凡是中国社会思想的先进代表必定对于《新青年》表无限的同情，必定尽力赞助；《新青年》亦决不畏难而退，决不遇威而屈。现在既能稍稍集合能力，务期不负他的重任，所以在可能的范围内，重行整顿一番，再作一次郑重的宣言。

《新青年》当为社会科学的杂志。《新青年》之有革命性，并不是因为他格外喜欢革命，"爱说激烈话"，而是因为现代社会已有解决社会问题之物质的基础，所以发生社会科学，根据于此科学的客观性，研究考察而知革命之不可免；况且无产阶级在社会关系之中，自然处于革命领袖的地位，所以无产阶级的思想机关，不期然而然突现极鲜明的革命色彩。中国古旧的宗法社会之中，一切思想学术非常幼稚，同时社会演化却已至极复杂的形式，世界帝国主义，突然渗入中国的社会生活，弄得现时一切社会现象繁杂淆乱，初看起来，似乎绝无规律，中国人的简单头脑遇见此种难题尤其莫名其妙，于是只好假清高唱几句"否认科学"的"高调"。独有革命的无产阶级，能勇猛精进，不怕"打开天窗说亮话"，应当竭全力以指导中国社会思想之正当轨道，研究社会科学，当严格的以科学方法研究一切，自哲学以至于文学，作根本上考察，综观社会现象之公律，而求结论。况且无产阶级，不能像垂死的旧社会苟安任运，应当积极斗争，所以特别需要社会科学的根本知识，方能明察现实的社会现象，求得解决社会问题的方法。凡是中国社会之新活力，真为劳动平民自由正义而奋斗的青年，不宜猥猥琐琐泥滞于目前零碎的乱象，或者因此而灰心丧志，或者因此而敷衍涂砌，自以为高洁，或自夸为解决问题；更不宜好高骛远，盲目的爱新奇，只知求所谓高深邈远的学问，以至于厌恶实际运动。

《新青年》当研究中国现实的政治经济状况。

《新青年》当表现社会思想之渊源，兴起革命情绪的观感。

《新青年》当开广中国社会之世界观，综合分析世界的社会现象。

《新青年》当为改造社会的真理而与各种社会思想的流派辩论。

中国幼稚的无产阶级，仅仅有最小限度的力量，能用到《新青年》上，令他继续旧时《新青年》之中国"思想革命"的事业，行彻底的坚决斗争，以颠覆一切旧思想，引导实际运动，帮助实际运动，以解放中国，解放全人类，消灭一切精神上物质上的奴隶制度，达最终的目的：共产大同。《新青年》虽然力弱，必定尽力担负此重大责任，谨再郑重宣告于中国社会：

《新青年》曾为中国真革命思想的先驱，

《新青年》今更为中国无产阶级革命的罗针。

《新青年》的出版，要么由于资金断裂，要么由于政治原因屡遭变故，多次停刊。此次复刊，瞿秋白写下一则《本志启事》，痛陈期刊出版的艰辛："本志自与读者诸君相见以来，与种种魔难战，死而复苏者数次；去年以来又以政治的经济的两重压迫，未能继续出版，同人对于爱读诸君，极为抱歉。"无奈之情，溢于言表。

《新青年》季刊创刊号 15 篇著译作品中，瞿秋白著有《世界的社会改造与共产国际》《现代劳资战争与革命》《东方文化与世界革命》《世界社会运动中共产主义派之发展史》《评罗素之社会主义观》等理论文章 6 篇，还有创作歌词《赤潮曲》、译词《国际歌》各一首。

瞿秋白在《国际歌》译词后写了一个附语："'国际'一字，欧洲文为'International'，歌时各国之音相同，华译亦当译音，故歌词中凡遇'国际'均译作'英德纳雄纳尔'。此歌自一八七○年后已成一切社会党的党歌,如今劳农俄国采之为'国歌'——将来且成世界共产社会之开幕乐呢。"

在此之前,《国际歌》有三种译文,但未能与原歌曲谱配译,无法歌唱。瞿秋白从俄国回到北京,住在堂兄瞿纯白家中时,曾教侄儿重华、小农学唱《国际歌》,正好家里有一架风琴,瞿秋白一边弹奏着风琴,一边反复吟唱译词,不断斟酌修改,按照曲谱配译了崭新的中文歌词:"起来,受人污辱咒骂的!起来,天下饥寒的奴隶!满腔热血沸腾,拼死一战决矣。旧社会破坏得彻底,新社会创造得光华。莫道我们一钱不值,从今要普有天下。这是我们的最后决死争,同英德纳雄纳尔人类方重兴!这是我们的最后决死争,同英德纳雄纳尔人类方重兴!不论是英雄,不论是天皇老帝,谁也解放不得我们,只靠我们自己。要扫尽万重的压迫,争取自己的权利。趁这洪炉火热,正好发愤锤砺。只有伟大的劳动军,只有我世界的劳工,有这权利享用大地;那里容得寄生虫!霹雳声巨雷忽震,残暴贼灭迹销声。看!光华万丈,照耀我红日一轮。"

后来,瞿秋白曾对曹靖华说过:"'国际(英德纳雄耐尔)'这个词,在西欧各国文字里几乎是同音的,现在汉语用了音译,不但能唱了,更重要的是唱时可以和各国的音一致,使中国劳动人民和世界无产者得以同声相应,收万口同声、情感交融的效果。"

1935 年 6 月 18 日清晨,福建长汀罗汉岭下白露苍茫。36 岁的瞿秋白走向刑场,在一处草坪上盘腿坐下来,微笑着说道:"此地甚好",尔后,高唱着自己所译的《国际歌》英勇就义。

而法文"国际"一词,瞿秋白采用音译"英特纳雄纳尔",一直沿唱到今天。

一边是《前锋》，一边是爱恋

1923 年 8 月，瞿秋白到了南京，参加中国社会主义青年团第二次全国代表大会，与会者有刘仁静、邓中夏、李求实、恽代英、施存统、柯庆施等代表 30 多人，这次大会为期 6 天，在南京东南大学召开。

此时，尽管瞿秋白主编的《新青年》季刊和《前锋》杂志刚刚出版才一个月，他心目中亦怀着一名开拓型出版者的自得，这个 24 岁的中共早期出版人，既是"新青年"，也是思想上的"前锋"。

《前锋》杂志和《新青年》季刊有同一个主编，而且都是中共中央机关刊物，可以称得上是姊妹刊。

《前锋》杂志为 16 开本，创刊号封面上角为中文刊名"前锋"，红色魏碑体，刊名下方有期号，封面中间双线框内为目录，封底为英文刊名"THE VANGUARD"和目录，英文下面为一红色图案，中间是镰刀与锤子。

瞿秋白在发刊词《本报露布》上以一系列有力的排比句写道："我们知道不去掉军阀政治，不革新自强，决不能脱离半殖民地的地位；我们更知道不去掉利用军阀奸商和掌握关税运输权的外国势力，中国国民永远没有革新自强的机会；我们知道除了广大而且剧烈的国民运动，没有别的方法可以去掉军阀和外国势力的压迫。"

随后，他指出了《前锋》的办刊宗旨："我们认定国民运动是中国国家生命之救星，是备受压迫过困苦生活的全中国人民之救星；我们在此运动中，不敢说是领袖，更不敢说是先觉，只愿当前锋，只愿打头阵；这头阵也许大失败，但我们并不怕失败，我们只希望无数量的爱国同胞，不断的踏着失败的血迹前进。"

《前锋》创刊号，瞿秋白发表了《中国资产阶级的发展》《现代中国的国会制与军阀》等 3 篇文章和几篇随笔。《中国资产阶级的发展》一文列举详细的统计数字作为论据，引用和编制的统计表格，如荒地变化表、米麦豆亩产平均数变化表、工业各方面情况的同比表等达 10 个之多，这种运用马克思主义的观点和方法对中国经济所作的调查研究，被认为是党内和中国学术界进行政治经济问题研究的真正发轫。

此外，创刊号还刊登有陈独秀《中国农民问题》、向警予《中国最近妇女运动》、孙铎《中国国民运动之过去及将来》、屈维它《帝国主义侵略中国之各种方式》等文章，讨论国内政治及国民运动等问题。

对于《前锋》杂志，瞿秋白期许它成为"国民运动的一支尖兵，打头阵的前锋"，但他在爱情里似乎没有打头阵的前锋精神。

中国社会主义青年团第二次全国代表大会召开时，丁玲和王剑虹正住在东南大学的学生公寓里。她们刚刚离开中共首所平民女校，思想上很苦闷，但她们决定"自己学习、自己遨游世界"，反正"一定要按照自己的理想去读书、去生活"。她们过着极度俭朴的生活。没有买过鱼、肉，也没有尝过冰淇淋，去哪里都是徒步，把省下的钱全买了书。如果能买两角钱一尺的布做衣服的话，也只肯买一角钱一尺的布，所以她们也不像其他女学生一样穿裙子，而是穿着长裤，也不投考学校。人家看她们很怪，要赶她们出去。在这种境遇下，生存总归会出问题。也正是在这种境遇下，她们的"名声"很大，自然被参加会议的柯庆施得知了。

柯庆施在平民女校高级班讲过课，丁玲和王剑虹都算是他的学生。丁玲她们称柯庆施为"柯怪"，虽然不喜欢他，但好在柯为人还算正派。因此，丁玲她们也并未让他下不来台。柯庆施特别雇了一辆马车，请她们去游灵谷寺。

第二次，柯庆施带来了施存统，施存统找了丁玲和王剑虹的同学王一知做爱人，此时已经育有一个女儿。第三次，他们带来了瞿秋白。

丁玲在回忆中写道："后来，他们带了一个新朋友来，这个新朋友瘦长个儿，戴一副散光眼镜，说一口南方官话，见面时话不多，但很机警，当可以说一两句俏皮话时，就不动声色地渲染几句，惹人高兴，用不惊动人的眼光静静地飘过来，我和剑虹认为他是一个出色的共产党员。"

这篇回忆录写于1980年，隔了几十年，瞿秋白"不惊动人的眼光静静地飘过来"的情形，如同无所不在的雪，仍旧飘荡在记忆中，也可见当时丁玲对瞿秋白的印象何等深刻了。

瞿秋白再次见她们时，和她们谈起了俄国作家和作品，他凭借丰厚的俄国文学素养，让两个深爱俄国小说的女孩子为之着迷，她们紧闭的话匣子也打开了，于是她们讲起一年来东游西荡的生活和不切实际的幻想。瞿秋白建议她们去上海大学文学系听课，说那是一个正规的学校，"可以学到一些文学基础知识，可以接触到一些文学上有修养的人，可以学到一点社会主义"。那时候，上海大学刚刚建立，瞿秋白被李大钊推荐担任社会学系主任，他保证丁玲和王剑虹可以自由听课，自由选择。可以说，在成为师生之前，他们已经成为朋友了。

秋天，丁玲和王剑虹入上海大学，在中文系做旁听生，王剑虹二年级，丁玲一年级，同学中有戴望舒、施蛰存等人。

上海大学校舍比较简陋，"它没有校门，不挂招牌，自然没有什么大礼堂了。把并排的两个房间的墙壁拆掉，两间成为一间，算是最大的讲堂"。这里师生关系民主，学习风气活泼，"培养了许多优秀的革命人才"，比如秦邦宪（即博古）、王稼祥、关向应、杨尚昆等。

瞿秋白讲授社会科学概论和社会哲学，学生都很喜欢听他的课。据丁玲回忆："除了社会学系本班的学生，还有中、英文系的学生，其他大学中的党团员或先进的积极分子，甚至我们的好教师恽代英、萧楚女、上大附属中学部主任侯绍裘等同志都愿来听听。……当课堂开始安静下来的时候，我看到秋白从人丛中走进课堂，走上了讲台。他穿着一件西装上衣，手上拿着一顶帽子，他的头发向后梳，额角宽而平，鼻梁上架一副近视眼镜，与他的脸庞很相称。他和蔼亲切地微笑着，打开皮包，拿出讲义和笔记本，开始讲课了。他的神志安逸而从容，声音虽不洪亮，但即使站在课堂外的同学也能听到……"

在丁玲眼中，瞿秋白是最好的教员，也和她们相处得不错。几乎每天下午课后，瞿秋白都会去她们的住处，和她们讲希腊、罗马，讲文艺复兴，也讲唐宋元明。不但讲死人，而且也讲活人。他把她们当作同游者，一同游历上下古今，东南西北。所讲的内容要么是文学，要么就是社会生活中的形形色色。为了帮助她们很快懂得普希金的语言的美丽，他教她们读俄文的普希金诗作……

王剑虹喜欢旧诗旧词，常常低回婉转地吟诵，她被瞿秋白的博学多才和俊秀神采所吸引，不知不觉之间沉浸在爱慕中。

王剑虹1920年随父亲王普山来到上海求学，并参加妇女工作，后来与王会悟一起在《妇女声》担任编辑，还为《妇女声》

《民锋》等刊物撰写文章。平民女校创办后，王剑虹回到家乡常德，动员丁玲、王一知等人加入这所学校。

有一天丁玲发觉，瞿秋白对她们的态度突然变了，施存统告诉丁玲，说瞿秋白堕入恋爱里边了。丁玲知道施先生是老实人，就逗他："他会爱谁？是不是爱上你的老婆了？一知是很惹人爱的，你小心点。"施存统翻起诧异的眼光看着丁玲，丁玲笑着就跑了。

接着，丁玲又发现王剑虹也有了什么变化，她莫名地觉得烦躁。当瞿秋白再一次来到她们的小亭子时，丁玲听着一双皮鞋声慢慢地从室外的楼梯上响了起来，她知道，这是瞿秋白的脚步声，不过比往常慢点，带点踌躇。丁玲突然觉得有机会可以发泄她几个钟头来的怒火了。她站起来，猛地把门拉开，吼道："我们不学俄文了，你走吧！再也不要来！"然后，把门猛然关住了。

丁玲无聊地躺在床上，等着王剑虹回来。她偶然翻开垫被，垫被底下放着一张布纹信纸，密密地写了一行行长短诗句，这才知道，王剑虹在热烈地爱着瞿秋白。

王剑虹是一个自尊心极强的人，只把爱情关在心里，丁玲为她难受。她找到瞿秋白住处，把剑虹的诗慎重地交给了他，说道："你要知道，剑虹是世界上最珍贵的人。你走吧，到我们宿舍去，她在那里。我将留在你这里，过两个钟头再回去……"

瞿秋白握了一下丁玲的手，说道："我谢谢你。"然后到王剑虹的宿舍去了。就这样，丁玲成了瞿秋白和王剑虹的红娘，后来丁玲以秋白、剑虹为原型写了一部长篇小说《韦护》。

丁玲儿子蒋祖林在《丁玲传》里写道，丁曾回忆："瞿秋白是我那几年遇到的最出色的一个男子，而且十分谈得来……"还说："其实，那时瞿秋白是更钟情于我，我只要表示我对他是在乎的，他就不会接受剑虹。"

瞿秋白在上海大学担任教务长兼社会学系主任，8 月间发表《现代中国所当有的"上海大学"》，设想把上海大学办成"南方的新文化运动中心"。

与此同时，他开始兼管中共宣传工作，一边教学，一边恋爱，一边创作，一边搞宣传，一边办杂志。1923 年 12 月，《前锋》第 2 期出版，发表了瞿秋白《太平洋问题与美国钱袋里的中国》一文，颇具远见地指出，正如日本在欧战中坐收渔翁之利一样，目前美国突然猛进，乘欧洲疲敝之际，将目标转向远东，转移到东亚，将有可能用对付菲律宾的手段对付中国，"使中国完全成他的殖民地，将中国装到他的钱袋里去"。

1924 年 1 月，瞿秋白和王剑虹结婚，不久后前往广州参加国民党一大。会议期间，他时刻想念远在上海的王剑虹，几乎每天都要寄回一封用五彩布纹纸写的信，还常夹得有诗。

1924 年 1 月 12 日：

……你偏偏爱我，我偏偏爱你——这是冤家，这是"幸福"。唉！我恨不能插翅飞回吻……

爱恋未必要计较什么幸福不幸福。爱恋生成是先天的……单只为那"一把辛酸泪"，那"愔愔奇气来袭我心"的意味也就应当爱了——这是人间何等高尚的感觉！我现在或者可以算是半个"人"了。

梦可！梦可！我叫你，你听不见，只能多画几个"！！！！"，可怜，可怜啊！

"梦可"是法语"我的心"的音译，瞿秋白称王剑虹为梦可，是把她视同宝贵的心，爱得极深。

2 月 16 日：

　　这两天虽然没有梦，然而我做事时总是做梦似的——时时刻刻晃着你的影子……没有你，我怎能活？以前没有你，不知道怎样过来的，我真不懂了。将来没有你便又怎样呢？我希望我比你先没有……

2 月 28 日：

　　我苦得很——我自己不得你的命令，实在不会解决我的人生问题。我自己承认是"爱之囚奴"，"爱之囚奴"！我算完全被征服了！

　　人非木石，都有相近的七情六欲，其中包括夫妻情和同志爱。爱情生活中，有欢乐，也会有痛苦。新婚之恋，分离之苦，谁也难免。年轻而多情的瞿秋白在新婚后远别爱人之际，写下这些炽烈如火的爱的文字，是十分正常和健康的感情。

　　他不仅珍惜自身的爱，而且憧憬人类社会的爱：

　　我们要一个共同生活相亲相爱的社会，不是要一所机器栈房呵。这一点爱苗是人类将来的希望。

　　要爱，我们大家都要爱——是不是？

　　——没有爱便没有生命；谁怕爱，

　　谁躲避爱，他不是自由人，

　　他不是自由花魂。

　　这怀着自由的花魂，在给王剑虹的信中附上了一首豪情万丈的诗：

> 万郊怒绿斗寒潮，检点新泥筑旧巢。
>
> 我是江南第一燕，为衔春色上云梢。

这中间，瞿秋白还在忙于编辑《前锋》，其组稿、编稿、设计、校对等工作、甚至跑印刷厂，都是瞿秋白一人担当。《前锋》第3期于2月出版，刊发有陈独秀《一九二三年列强对华之回顾》、恽代英《革命政府与关税问题》等文章，从经济角度探讨国民革命问题。

陈独秀在文中指出，中国穷而乱、乱而穷的因果循环，是拜帝国主义列强所"厚赐"，中国人民应该牢记英美法日等列强"是我们的第一仇敌，比军阀更毒的仇敌"。

恽代英则写道："在今天这种政治经济情形中，弱小的国家不愁没有机会，争得独立自由；只愁这种国家的国民，全不预备这种抗争的意志与力量。世界上还有不少次的大战争呢！各国的国交，都有很多罅隙。他们的实力，亦并不像我们所想像的那样可怕。有血性的、不愿束手待毙的中国人，你想想你应当怎样做呢！"

在这穷弱的旧中国，应当怎样做？王剑虹或许不会去想这些，病重期间，她给远在广州的瞿秋白留下一封遗书："我生活在你的爱抚之中，虽然只有半年，我已经感到无比地满足了。半年不过是人生激流中的一片涟漪，然而它却是无比绚丽多彩的一朵浪花。病魔纵然夺走我的生命，但不能夺走我对你的爱。南京莫愁湖上的月夜真令人留恋。你把爱的诗句刻在美丽的雨花石上，让我永远地珍藏。那时，你曾经教我吟诵普希金的诗，此刻我又想起那美丽真诚的诗句，就让我摘用来向你永诀吧！——我那么温柔专一地爱过你，我一点也不愿使你难过悲伤，愿上帝给你另一个人，也像我爱你一样。"

爱只有到了最彻底的时候，才是无私的，而无私的爱是人世最美好的东西，对于两颗追求自由的心来说，爱也是光明和自由的象征。

由于财力、人力不够，《前锋》出版到第三期后停刊。2月7日，农历大年初三，瞿秋白奉命回上海，以国民党中央候补执行委员的身份参加《民国日报》编辑委员会，致力于改造《民国日报》，为国共合作后舆论工具的更新。

改版后，《民国日报》设立《评论之评论》，成为共产党人的言论之窗，由恽代英领导，沈泽民编辑。主要撰稿人有恽代英、沈泽民、施存统、董亦湘、萧楚女、刘仁静、谭平山等共产党人，这使得《民国日报》面貌焕然一新，中共中央指示精神渗透其中，使之成为两党指导工作的公开舆论阵地。也由此招致国民党右派的攻击，称《民国日报》已经成了共产党的报纸了，这其中凝聚着瞿秋白多少的心血和智慧啊！

瞿秋白回到上海后，每天忙完工作，就在妻子卧病的床边，一面写作，一面照料她。

此时，正是暑假，丁玲离开了上海，她所乘的轮船迎着滚滚长江的浪头，驶向上游，回到湖南。不久，她忽然收到剑虹堂妹从上海来电："虹姊病危，盼速来沪！"

丁玲马上离开刚刚领略到温暖的家，又匆匆忙忙独自奔上惶惶不安的旅途。回到上海，"人去楼空"。年仅 21 岁的王剑虹已经死去——棺木停放在四川会馆。留给丁玲的，只有王剑虹的一张照片，用一块白绸巾包着。瞿秋白在王剑虹照片背后题了一首诗，开头写道："你的魂儿我的心。"

教育工人最好的机关报

　　在中共一大上，最出风头者非张国焘莫属——由于相约建党的"南陈北李"没有出席，在这次具有历史意义的大会上，刚刚24岁的张国焘，被选为会议主席，并作了主题演讲。

　　张国焘，又名张特立，江西萍乡人。他19岁考入北京大学，恰逢北大来了新校长蔡元培。留德留法的丰富经历，使得蔡元培积极倡导思想自由，提倡"兼容并包"，不仅带来崭新的校风，还引进了一批学识渊博、思想进步的专家和教授，比如当时在文学界和教育界已颇有名望的陈独秀，被聘为文科学长；又比如，刚从国外归来的胡适，被聘讲授英文学、英文修辞学和中国古代哲学、西洋哲学。接着，李大钊被起用成为图书馆主任……一时间，北大的进步校风如云蒸霞蔚，在师生中形成了一种关心时事、自由争辩的新风尚，特别是《新青年》鼓荡起一股新文化运动的强劲东风，令从小具有反叛精神的张国焘如鱼得水。

　　对于《新青年》杂志，张国焘曾回忆道："一九一七年春我看到了《新青年》，一眼就觉得它的命名合乎我的口味，看了它的内容，觉得的确适合当时一般青年的需要；登时喜出望外，热烈拥护，并常与反对者展开争论。当时，同学中尊重孔子学说、反对白话文的还占多数。无条件赞成新思潮、彻底拥护白话文者虽占少数，但他们具有蓬蓬勃勃的热烈精神。新旧之争，就在课堂中、宿舍里到处展开着。在争辩之中，守旧论者的论据渐渐动摇起来了，不少的同学陆续转变到赞成新文化运动方面来。新文化运动在北大就这样一步一步地站稳了它的阵地。"

他甚至还把《新青年》寄给父亲，写信向父亲宣传新思想。结果，保守势力的父亲回信表态：反对新思潮、反对白话文，应该保存国粹。

五四运动时期，张国焘成为学生领袖之一，组织游行、上街讲演、然后被捕，出来后又积极营救被捕者，他从中积累着斗争经验。

张国焘的过人之处在于，他积极倡导"到民间去"。1919 年 6 月 16 日，来自北京、上海、天津、武汉、南京、河南等地的数十名学联代表，在上海成立了"学生联合会"。张国焘作出了一项重要决定，对此，他回忆道："为了要给各地同学一个榜样，我亲身在上海从事街头活动。我制了一些卖报的布袋子，发动同学们一齐去推销爱国书刊，进行像北京学生联合会演讲团一样的工作。我背了一个装满《每周评论》《星期评论》等爱国书刊的袋子，到街上去一面叫卖，一面向市民宣传，晚间归来，有些代表以惊奇的眼光笑着问我：'你这位社会运动大家的生意好吗？'我充满了自信向他们说：'成绩还不错。我们都要有这种到民间去的精神才好！'"

1920 年 3 月，张国焘被聘为"中华全国工业联合协会"总干事，负责整理会务，发展组织等工作。他和陈独秀准备发起一次暴动，后来他这样回忆："1920 年春，独秀与我都到上海……打算在阴历年关暴动，印刷传单，想集合八十个敢死队去做，结果只找着数人……"

回到北京后，李大钊在北大引领发起"马克思学说研究会"，主要成员有邓中夏、高君宇、何孟雄、朱务善、罗章龙、张国焘等人。这年 10 月间，北京共产党早期组织成立，李大钊、张申府、张国焘是主要成员。11 月底，北京共产党早期组织命名为中国共产党北京支部，李大钊任书记，张国焘负责组织工作。

1921 年 7 月，张国焘和刘仁静作为中国共产党北京代表前来上海，参加党的一大。据刘仁静回忆：选代表的那次会是认真的，气氛也是好的。首先大家一致选张国焘。因为北京共产党早期组织除李大钊外，张国焘是另一个主要人物。北京小组的组织活动一般习惯于不惊动李大钊，所以张国焘就是日常工作的实际组织者、会议的主持人。再者，张国焘是北京共产党早期组织的发起人之一，负责人之一，作代表是当之无愧的。

当时，共产国际代表马林与上海共产党早期组织的负责人李达、李汉俊之间的关系并不融洽。马林喜欢指手画脚，使得秉性刚直的李达和绝不盲从的李汉俊都很反感，对马林采取不合作态度，大会筹备工作难以推进。

张国焘一到上海，拜访了马林，他感到马林身上有一种"社会主义的白人优越感"，但会面还是在轻松愉快的气氛中进行。张国焘回忆说："马林并没有提起与李汉俊等人相处不快的经过，也没有说到工作报告等一类的事情，他的态度显然是有些修正了。……我们还谈到关于大会的筹备问题，彼此意见也相当融洽。从此，我被视为达成了与马林改善关系的任务，也被推为与马林继续接触的代表。"

就这样，在"南陈北李"均缺席的情况下，张国焘因为能够与马林讲上话，于是被确定为大会主席，毛泽东负责记录。

在会上，张国焘报告了大会筹备的经过，说明了这次代表大会的意义，提出这次大会的主要任务。他还代表北京早期党组织，作了长达六千余字的发言，在宣传方面，张国焘汇报了与无政府主义和基尔特社会主义的论战，翻译马克思主义著作和创办刊物的工作，认为宣传工人和知识分子的工作还有待加强。

张国焘在发言最后时说:"同志们,黑暗的政治局势包围着我们的腐败社会,一系列令人难忍的社会的不公平以及悲惨的经济生活状况,所有这一切都是易于引起革命爆发的因素。我们能否利用易于激发起来的无产阶级的革命精神,能否把民主主义的政治革命引上工人阶级社会革命的轨道,所有这一切均取决于我们在高举红旗的斗争中的努力程度。这次成立大会应当具体地解决摆在我们面前的一切任务,并制订实际工作计划。大会的责任看来不轻。"

大会在讨论起草委员会起草的文件时,就党员经执行委员会许可能否做官和当国会议员这一问题,引起了长时间的争论。争论时提到了党的宣传出版工作如何进行的问题,张国焘主张"组织工人运动总机关,指挥全国工运,办出版物,……应发行独立的刊物"。

会议最后形成的《中国共产党第一个决议》共六条,其中有三条是关于工人运动的,确定党在当前的中心任务是加强对工人运动的领导,成立产业工会,开办工人学校,并且成立研究工人运动的机构。在宣传工作上,决议规定一切出版物均应在党的领导下出版,不得刊登违背党的原则、政策和决议的文章。

大会决定中央领导机关称为"中央局",选举陈独秀为书记,主要任务是发动工人运动。李达负责宣传工作,主要任务是编辑出版宣传马克思主义和俄国革命的书刊。

张国焘被选为中央局三人领导成员之一,负责组织工作,他在《我的回忆》中说:在讨论选举时,"一致认为现在党员人数很少,暂不必根据党章组设人数较多的中央执行委员会,只须选出三个委员,分担书记、组织、宣传等工作就够了。根据这个决定,大会旋即一致推举陈独秀任书记,李达任宣传,我任组织"。

中共一大结束没几天，8 月 11 日，在马林的建议下，张国焘和李启汉等人创设了中国劳动组合书记部，这是中国共产党公开领导工人运动的机构，地址设在公共租界北成都路 19 号，张国焘为主任，李启汉、李震瀛、包惠僧为干事。

在《共产党》月刊第 6 号上，张国焘以"中国劳动组合书记部张特立等二十六人"的名义，发表《中国劳动组合书记部宣言》，指出：工人过着牛马一样的生活，"他们血汗换来的工钱，多半不能维持自己生活，受饥受冻的劳工，随处都可以发现"。这种悲惨生活，"一定会迫着他们自己团结起来，向着他们的东家——剥夺者——为有力的奋斗"。而中国劳动组合书记部将"把一个产业底下的劳动者，不分地域，不分男女老少，都组织起来……因为这样一个团体才能算是一个有力的团体"。表明这个组织的使命是"使劳动者有阶级的自觉"，"并要建立中国工人们与外国工人们的密切关系"。宣言还说："并且我们相信将来的世界一定是工人们的世界。"

当时中国工人生活困窘，受压迫严重，有开展宣传工作的意义，但他们文化素质普遍较低，工作开展极为困难，这就需要对工人加强宣传教育，提高他们的阶级觉悟。

在这样的背景下，劳动组合书记部于 8 月 20 日创办出版了《劳动周刊》，这是中国共产党领导的第一个全国性工人刊物，张国焘任编辑部主任，包惠僧、李震瀛、李启汉、董锄平等六人任编辑，顾耕野为发行人。

《劳动周刊》发刊词公开声称："专门本着中国劳动组合书记部的宗旨为劳动者说话，并鼓吹劳动组合主义"，以期"扩大解放全人类的声浪，促进解放全人类的事业实现"，并向中国工人们喊话："快快把我们的头抬起来吧！"

《劳动周刊》辟有评论、通讯、社会调查、工会消息、劳动界消息、小说等栏目。为适合工人阅读习惯，注重篇幅简短、内容活泼、体裁多样、文字通俗等特点。初创时，每期印 4000 份，从第 11 号起又加印 1000 份。发行范围主要是上海的杨树浦、斜桥、高昌庙、浦东等工人集中区，并分寄全国各分部。

国内外工人运动和建立工会的情况，是《劳动周刊》最为关注的内容。

当时工人阶级受到残酷的剥削，工作和生活条件极端恶劣。周刊通过生动鲜活的实例，发表了大量工人阶级悲惨生活的文章，启发工人阶级的觉悟。同时，通过报道各地罢工斗争和建立工会的消息，激励工人的斗争意志，并指出工人阶级只有联合起来，才能争取到自身的解放和人类的解放。

1921 年 10 月 22 日，第 10 号《劳动周刊》发表新旦的《工友们，还不起劲么?》一文，指出工人们要罢工，"一是工人失业""二是物价增高"。因此，"我们尽可以向资本家要加工钱，我们拿物价增高的道理，来要求增加工钱，是很有道理的"。

同一号的文章《造船厂的工人为什么"现在"不要求八小时工作?》提出："最近欧美的工人还有要求每天只做七小时六小时的呢! 我们在中国做工人，为什么这样不明白，还去做那每天人力不能做的长时间的工作呢?"提出要向国外的工人学习，争取自己的权利。

第 16 号发表的署名"震瀛"的文章《诸位呀! 纺织工又轧死一个》，向资本家提出保护工人劳动条件的具体建议："(一)在中国还没有规定工厂管理法的时候，请各厂皆按各国通用的法则上，对工人生命负保护和抚恤的责任。(二)在租界上，我们请求纳税华人会提议各捕房应有保护劳动条例的规定。(三)在华界，请求官厅和各厂规定管理法，负工人生命的保护。"

《劳动周刊》发表的文章，从标题就可以看出它的办刊宗旨，例如《中国纱厂的工友们，快起来要求礼拜日休息》，又例如《房客们会联合着反抗房主，我们就不会联合着反抗资本家么?》（第 10 号）、《粤汉铁路小工不过也得胜利了》（第 10 号）、《漆业外作工人仍在激争中》（第 10 号）、《正激战着的女工加薪运动》（第 10 号）、《洋衣店伙要加钱》（第 11 号）、《亟亟准备总攻击的烟草工人》（第 12 号）、《工部局垃圾工人要求加薪》（第 13 号）、《天下是应该我们掌管的》（第 13 号）等，表达了工人争取权益及改造世界的主人翁精神。

李启汉之所以成为《劳动周刊》编辑，主要原因在于他和劳动者有着紧密的联系，是领导工人运动的一员猛将，他后来被邓中夏赞为"无产阶级的先锋，劳动运动的健将"。

李启汉，又名李森，湖南省江华县人，出身在一个贫苦农民家庭。他在五四运动期间，参加湖南学联赴京请愿驱逐军阀张敬尧的活动，由此结识李大钊、毛泽东、邓中夏等人，不久后走上革命道路。

1920 年初，李启汉到达上海，结识陈独秀、李达等人，参加上海共产党早期组织活动，担任中国劳动组合书记部干事，后来担任中华全国总工会执行委员会委员兼组织部部长。

李启汉深具组织领导能力，加之头脑灵动，被委派到纺织工人较集中的沪西小沙渡，筹备成立纺织工会。他深入到纺织工人中间，宣传马克思主义思想，但发现工人的文化水平太低，于是决定创办工人劳动补习学校。1920 年秋天，工人文化补习学校在槟榔路北锦秀里三弄挂牌成立，这是中国共产党领导下的第一个工人文化补习学校。

由于缺乏经验，工人夜校一度受到冷落。李启汉总结经验教训，积极改进办学方法，将工人夜校改为上海工人游艺会。同年12月19日，工人游艺会召开成立大会，李启汉担任大会主席，有400余人到会，至1921年8月，来学习的工人增至200多人。

当时，在上海流传着"工人不出头，出头便入土"的话。李启汉将之改成："工人两字合起来，是一个天字，所以工人就是天。"他以此鼓励工人：要自己尊重自己，努力上进，不要因为社会上有些人看不起咱们工人，就灰心丧气。我们一定要人穷志不穷。

借助工人游艺会这块阵地，李启汉一边给工人补习文化，同时宣传马克思主义；一边进行纺织工会的组织工作。

在补习学校，李启汉认识了一位参加青帮的女工，由此加入青帮。他借青帮的身份在工人中开展活动，工人文化补习学校也越办越红火。

随着工人运动的深入和发展，上海党组织决定成立一个专门从事工人运动的机构。1921年1月，"职工运动委员会"应运而生，俞秀松、李启汉负责具体工作。

1921年7月，上海英美烟厂发生工人遭毒打、扣押事件，李启汉受委派前去组织指导工人运动。他走进工人中间，鼓动他们："你们日夜辛劳还吃不饱肚子，就是因为那些不劳而获的资本家剥削了你们的血汗。最彻底的办法，就是像俄国工人那样，起来革命，叫资本家给我们增加工资，不许再欺侮我们！"又说："我们罢工一天，资本家要损失好几万元，他们拼不过我们的，坚持下去，就是胜利！"

为了将工人更好地发动和组织起来，在他的引导下，两厂工人推选出刘凤臣、刘荣才等十余名代表组成罢工领导机构，起草罢工宣言，提出了与资方交涉的八项条件。

　　李启汉又指导他们通电各报馆、各团体，请求各界主持公道。当时倾向进步的上海《民国日报》逐日报道罢工消息，刊登工人代表写给厂主、警察署长等据理力争的信件，为罢工斗争取得社会的广泛同情和支持。

　　英美烟厂资方对工人提出的条件置之不理，罢工持续一个多星期后，工人生活十分艰难。为解决这个问题，李启汉一方面通过劳动组合书记部在厂外募捐，接济工人；另一方面组织工人到码头或别的烟厂做临时工，维持生计，坚持罢工，坚定了大家的决心。

　　罢工坚持了将近一个月，8月6日，资方不得不答应和工人代表谈判。在罢工斗争的关键时刻，李启汉与工人反复磋商，考虑到罢工时间过长，难免造成工人群众生活更加困难，如果一定坚持不让，恐怕不利于斗争的结局。为此，他告诉工人们："在罢工斗争取得基本胜利的情况下，可以作出必要的让步。"

　　在签订了有利于工人的八项修正条件后，工人们燃放鞭炮，欢呼胜利。这是党领导的最早的一次罢工斗争，经过这次罢工，工人们看到了自己的力量。

　　李启汉继续深入地在工人群众中开展工作，于8月下旬成立了上海烟草工会，会所设在《劳动周刊》所在的北成都路19号。

　　同年10月下旬，英美烟厂全体职工为反对厂主开除工会会员和办事人员，在李启汉的领导下，再次举行大罢工，又取得了胜利。为进一步扩大效果，李启汉还亲自组织领导了上海浦东日华纱厂和上海邮电工人大罢工。

　　对于《劳动周刊》，李启汉也倾注了大量心血，在上面发表了许多文章，引导工人阶级进行斗争。他撰写的评论《工友们，我们为什么要分帮?》，痛切地提醒工人，不要"分什么帮来自己害自己"，"应该大家一起联合起来，结成一个大团体，共谋幸福"。

1922年1月7日，李启汉在《劳动周刊》上发表《喂，不要自杀呵!》指出：上海作为全国工业的中心，为什么没能顺利开展罢工斗争呢? 原因在于"都是因为没有团体的缘故"。他号召全体印刷工友一齐起来努力，否则"真是自己杀自己了!"这篇文章在印刷工人中产生了广泛影响。

随着工人运动日益高涨，李启汉认识到，由于没有全国统一的工人团体，各地罢工只是分散、零星地斗争，有必要举行一次有各工会代表参加的全国劳动大会，商讨建立全国工会统一组织。他的提议得到组织认可，不久，劳动组合书记部向全国各工会发出召开"一次劳大"的通告，以纪念五一劳动节，融合并联络全国劳动界之感情，讨论改良生活的问题……

1922年5月2日，第一次全国劳动大会在广州举行，中国劳动组合书记部书记张国焘主持会议，李启汉在大会上发表了讲话，提出《八小时工作制案》《罢工援助案》等提议。

李启汉后期成为《劳动周刊》主编，以出色的工作，得到工人们的高度信赖，工人们称《劳动周刊》是一盏指路的明灯。它贴近工人自身的生活，语言通俗易懂，很适合工人阅读和理解，"发行最多时5000份，共印行约16.5万份"。

李达主编的《共产党》月刊也称赞它办得"异常完善，大可以增进劳动者的知识，这真是教育训练劳工们一个最好的机关报"。

可惜，1922年6月1日，李启汉被上海公共租界巡捕房逮捕，9日，被押往"会审公堂"。巡捕房控告他"于1922年4月25日煽动邮局职工罢工"，又控告他"于同年5月13、20及27日，在《劳动周刊》上发表含有煽动性的和引起纠纷、扰乱治安的文章"。审判官还假惺惺地说，他对很有学问的被告表示同情，但"被告应为国家做些有益的工作，何以对煽动工人罢工和引起纠纷独感兴趣"？外国陪审官更强词夺理，说什么"假使被告系邮局职员，劝告同事罢工，则不致被控告，但被告生平唯一的职务似乎就是到处制造纠纷。如果一定要这样做，他应到华界去受严厉的惩罚"。

他们不准李启汉申辩，当庭判他3个月徒刑，期满后逐出租界；同时宣判封闭《劳动周刊》，此时，《劳动周刊》刚刚出版第41期，而劳动组合书记部也于7月间被查封。

李启汉被捕并被判刑后，京汉铁路工人向上海市各工会发出通电，对工部局捕房控告李启汉、封闭《劳动周刊》一事提出严重抗议。邮局工人为此散发传单，传单上写道，会审公堂以煽动邮务工人罢工将李启汉判罪，但邮务工人都能证明他是无辜的！

李启汉坐了3个月洋牢，出来后被租界当局引渡给华界护军使署，于是李启汉又被钉上脚镣手铐，关进了龙华陆军监狱，直到1924年10月13日才被释放出狱。

出狱后，李启汉经过短暂的休养，遵照党组织的安排，即从长江转湘江，回到家乡湖南，不久转往广州，更勇猛地投入战斗，点燃"世界革命的引线"，于是他所领导的省港大罢工也轰轰烈烈地开展起来！

《先驱》和《中国青年》

青年是早上八九点钟的太阳，1920 年上海共产党早期组织成立时，陈独秀考虑到培养青年干部的重要性，有了建立青年组织的意愿。

此时，维经斯基又向他介绍了苏俄共青团组织的情况，积极推动上海共产党早期组织建立青年团，于是，这年 8 月，上海社会主义青年团应运成立，俞秀松出任书记。

俞秀松，浙江诸暨人，陈独秀手下的一员青年干将。

1916 年，17 岁的俞秀松考入浙江省立第一师范学校，他创办《浙江新潮》，在第二期上发表施存统的《非孝》，轰动一时，俞秀松和施存统因而被学校开除，在杭州失去栖身之地，不久后来到北京，加入工读互助团。

1920 年 3 月下旬，俞秀松与施存统一起来到上海，进入《星期评论》社。当时，陈独秀主办的《新青年》、戴季陶和沈玄庐主办的《星期评论》、邵力子等主办的《民国日报》副刊《觉悟》，是出版界的"星辰大海"，在全国进步青年心目中地位超卓。很多人离开学校和家庭，都想进入这三家报刊编辑部工作，渴望通过这些进步报刊寻找光明和出路。

6 月间，俞秀松参加上海共产党早期组织，成为小组中最年轻的成员，后受陈独秀委托，开展筹建青年团的工作。8 月 22 日，俞秀松和施存统、沈玄庐、陈望道、李汉俊、金家凤、袁振英、叶天底等 8 人，在老渔阳里 2 号《新青年》编辑部发起成立上海社会主义青年团，由俞秀松、施存统等 4 人组成主席团，领导青年团的全部工作。

团机关设在霞飞路新渔阳里 6 号（今淮海中路 567 弄 6 号），此处为杨明斋创办的"外国语学社"所在地，一块"外国语学社"的牌子挂在门口。此时，青年团书记俞秀松还兼任着外国语学社的秘书，并在学社攻读俄文，平常出入此处，正可避人耳目。

事实上，首批团员大都是"外国语学社"的学生，其中有：刘少奇、任弼时、罗亦农、萧劲光、王一飞、彭述之、柯庆施、傅大庆、梁柏台、李启汉、李中、汪寿华、廖划平、庄文恭、任作民、胡士廉、任岳、周兆秋、谢文锦、吴芳、华林、蒋光慈、曹靖华等共三十余人。

上海社会主义青年团作为中国第一个团组织，在革命史上具有重大意义。任弼时后来高度评价说："1920 年成立的社会主义青年团，是先于中国共产党而诞生的，它对建党工作，在某种意义是起了思想上和组织上的准备作用。"

上海青年团建立后，向各地社会主义者寄出团章和信件，要求建立青年团。不到半年，在北京、广州、长沙、武汉、天津、唐山、太原等许多大城市相继建立起社会主义青年团。截至 1921 年初，全国青年团员共有 1000 余人，其中上海青年团员已达 200 人。为了统一各地团组织，同年 3 月，在上海成立了中国社会主义青年团临时中央执行委员会，俞秀松任书记，委员会内设秘书、教育、组织、编辑、宣传、联络、图书等 8 处。

由于团员增加，人员复杂，内部信仰不一，又兼经营不足，团组织运作陷于停顿。有鉴于此，在长沙，毛泽东对社会主义青年团极为重视，要求参加者必须为"真同志"，宁缺毋滥。

1921 年 11 月，中国社会主义青年团临时中央局成立，对团组织进行了整顿，确定"中国社会主义青年团为信奉马克思主义的团体"。

1922年1月15日，北京社会主义青年团的机关刊物《先驱》半月刊出版，邓中夏和刘仁静先后担任主编。《先驱》发刊词指出，"本刊的任务是努力唤醒国民的自觉，打破因袭，奴性，偷惰和依赖的习惯而代以反抗的创造的精神，使将来各种事业，都受着这种精神的支配而改变。我们的政治，以后就不至于这样黑暗，我们达到理想的社会——共产主义的社会——的道路，也就容易得多了。"

由于刊物内容反映了当时人们特别是青年的愿望，产生了不小影响，在出版了第3号后，《先驱》突遭北京当局查禁，编辑部因此迁到上海，由施存统担任主编。不久，《先驱》成为团中央的机关刊物。

施存统，又名施复亮，浙江金华人，与俞秀松同岁，两人一起就读于浙江省立第一师范学校。他自幼受祖母抚养，眼见着因家境贫寒，祖母终日操劳，还受到祖父的虐待，45岁就去世了，心中有着莫名的悲愤，他为此写作《非孝》一文，在俞秀松创办的《浙江新潮》上发表，文中写道："中国历来主张孝道，百善孝为先。我要为祖母尽孝，就要反对虐待祖母的祖父；而我同样要为祖父尽孝，又不能反对他。因此一味尽孝是不合理的，要以父母、子女间平等的爱来代替不平等的孝。"该文猛烈抨击封建伦理道德，在青年人心中成为反抗封建的一面旗帜，使得这位年仅20岁的青年人声名大振。

陈独秀、李汉俊等人筹建马克思研究会时，施存统是最早的成员之一。

1920年6月19日晚，施存统乘船离开上海，东渡日本留学。俞秀松等《星期评论》社同人到码头为他送行。到达东京后，经戴季陶介绍与资助，施存统曾暂住在日本社会主义者宫崎滔天家中，后入东京同文书院就读，专攻经济学，并开始从事社会主义研究。

与此同时，上海共产党早期组织成员周佛海正在鹿儿岛留学，经陈独秀介绍，施存统与之取得联系。1921 年 4 月 19 日，周佛海转达了陈独秀的广州来信，信中说陈独秀已与上海、湖北、北京各处共产党组织同志协商，让施存统和周佛海"作为驻日代表，和日本同志进行联络"，施存统实际上成为旅日共产党组织负责人。

施存统人在日本，心在国内，与陈独秀、李汉俊、李达、邵力子等保持着联系。在给李达的信中，两人商议"筹备发行秘密出版物"，"在上海召开秘密会议"。1921 年 5 月 26 日给邵力子的信中则说："我主张颠覆旧社会，建设无产阶级国家。""中国的无产阶级，多缺乏自觉性，没有训练和组织，要在短时间内使他们有觉悟、有训练、有组织，势必借助于政治力量。"信中表示："我极力主张在中国实行马克思主义"，"希望您和李达等一起加入讨论，乘机宣传主义"。

很快，施存统被日本当局列入"必须注意的人物"，处于暗中侦察之下。1921 年 5 月之后，更是"每日受日本警察骚扰"，"被警察跟踪，一举一动皆受约束。"

12 月下旬，因有所谓参与接受"赤化宣传运动资金"嫌疑，施存统遭拘捕及审讯，后被驱逐出境，于 1922 年 1 月 7 日回到上海。5 月，当选中国社会主义青年团第一任团中央书记，主持《先驱》的工作。

值得注意的是，他在第 5 号《先驱》上，发表《关于中国少年运动的纲要》一文，就"解决中国问题"的方案，指出分两步走的思想："为了要使我们的事业得到胜利，中国劳苦的群众，应分两步去做：第一步是完全颠覆封建主义，促成中国真正独立；第二步是推翻有产阶级的政治，把政权掌在自己手中。"

1923 年 5 月 5 日出版的第 17 号上，发表了《马克思诞生百零五周年纪念日敬告中国青年》一文："中国早已成为了国际资本主义的支配地……堕入半殖民地的地位……受资本主义的压迫和榨取，反比任何国家还要厉害。所以我们中国有采用马克思主义的需要——应用马克思主义的原理来改造中国社会的需要。"

这两篇文章，一篇提出将中国革命分为两步走的主张，一篇提出应用马克思主义原理改造中国社会的需要，体现了具体地分析中国实际问题的结果，这是中共早期出版业对运用马克思主义解决中国问题的有益探索，是真正意义上的思想的"先驱"。

第 9 号《先驱》第 4 版顶端醒目位置上，公布了"打倒国际帝国主义"这一著名口号，将中国共产党的主张公之于众，产生了重大社会影响，得到了中国社会各个阶层的广泛认可。

对于《先驱》的发行问题，团中央认为"是一个极重要的问题"，并曾委任彭习梅为中央执行委员会事务员，办理《先驱》发行及油印等事，后又议决由贺昌担任发行主任；除此之外，青年团中央还制定了发行办法若干条，规定《先驱》第 1 号至 15 号每份售价为铜元 2 枚，其间两次增减，到第 19 号至 25 号终刊，每份铜元 3 枚。

团中央还曾指出："我们要想本团发展成为中国青年无产阶级革命的中心团体，非先使大多数青年都明白了解我们的主义不可，换句话说，非先使本团的机关报——《先驱》，深深地印入大多数青年脑中不可。"

不过，《先驱》自创刊之日起就面临着经费紧张问题，发行至

16 号时，损失"已达七百元以上了。所以弄得我们最近竟连印刷费都无着落了！"发行至 19 号时，合计"赔了八百余元，而所收到的报费前后统计不过三十余元"。

再加上，"秘密出版无通信地址及好多地方禁止之故"，1923 年 8 月 15 日，《先驱》出版至第 25 号后停刊。

8 月 20 日至 25 日，中国社会主义青年团二大在南京召开，决议贯彻中共三大《对于青年运动决议案》的指示精神，通过了青年工人运动、学生运动、农民运动、教育及宣传、青年妇女运动等决议案。其中，《教育及宣传决议案》指出："教育工作是本团根本工作之一，以共产主义的原则和国民革命的理论教育青年工人、农民、学生群众是本团最重大的责任。"

由于《先驱》已停刊，团中央决定创办一份周刊。在邓中夏、恽代英等人的策划下，《中国青年》于当年 10 月 20 日出版，目的是为青年提供一种忠实的友谊的刊物，为革命的青年作革命的指导，为"青年扫除一切陈腐邪恶的空气，指点他们最经济最有效力的途径"，"使青年界发生一些好的影响"，帮助青年们走上正确的道路。

就这样，《中国青年》成为社会主义青年团新的机关刊物，接过了《先驱》的旗帜，主编是 28 岁的恽代英。

出生于湖北武昌一个破落的官宦之家的恽代英，从小就懂得不贪图吃喝穿戴。他曾在日记中写道："吾不喜华丽，每着丽服心如有所不安。"

12 岁时，恽代英考入湖广总督张之洞开办的新学——武昌北路高等小学堂，也就是后来的武昌农民运动讲习所。

1915 年，20 岁的恽代英给《新青年》主编陈独秀写信。当时，恽代英在武昌中华大学中学部创办了"新声社"，在给陈独秀的信中，他写道："我们素来的生活，是在混沌的里面，自从看了《新青年》渐渐的醒悟过来，真是像在黑暗的地方见了曙光一样。我们对于做《新青年》的诸位先生，实在是表不尽的感谢了。我们既然得了这个觉悟……就发了个大愿，要做那'自觉人'的事业，于是就办了个《新声》。"同时，他开始为《新青年》撰写稿件。

1918 年，恽代英剃了光头，取名"爱国头"，以区别当时洋学生的日式"东洋头"（即短平头），这之后出现在照片中的恽代英总是光头形象，英气逼人。

这一年 2 月，妻子沈葆秀由于难产去世，年仅 22 岁。恽代英悲痛欲绝，誓不再娶，自称"永鳏痴郎"。

沈葆秀，原名沈宝秀，乃武昌官钱局职员沈云驹二女儿，两家因原籍江苏，来往甚密。沈宝秀是沈家几个女儿中最好看、最聪明的一个，在媒人的说合下，被许配给恽代英。

最初，这门旧式婚姻激起了恽代英的一番抗争，但没能抵挡住母亲伤心的眼泪，被迫答应下来。两人完婚后，恽代英将沈宝秀改名沈葆秀，并未同房，宁愿在书房翻书到天亮。

他们分开居住持续了一段时间，也几乎不说话，只是书信形式沟通，日久见人心，随着了解的加深，产生了真挚的爱情。

沈葆秀难产去世，恽代英几乎昏厥，把妻子的遗照放大一张，挥笔题下了一首七言诗，抒发他的思念之情：

郎君爱唱女权论，幸福都拼付爱神。
常饮寸心如古井，不妨人笑未亡人。
横风吹断平生愿，死去已看物序更。
我自修身俟天寿，且将同穴慰卿卿。

3月18日，他写下一封悼妻书，在亡妻灵位前发誓永不再娶：为了死去的她，他将"守身如玉"，"使此心古井不波"，"吾愿吾托身为女子，与汝为妇，亦一尝怀孕分娩之苦，以赎此生之罪"，感人至深。

葆秀大鉴：

汝去我而逝已匝月矣。吾未知汝魂魄自知耶？我无汝尚能勉自排遣，汝无我又无汝所爱之弟妹，汝何以度日耶？吾昨闻全婶言，血晕之时毫无苦痛，汝幸能无苦痛而去，吾闻之亦心慰。吾无情之人，近来待汝较汝初逝时已略淡漠，汝当冷笑而置之也。惟余可以慰汝者，前与汝言合葬之事，父亲大人已经允许，不续娶之事亦可办到。现与汝卜地落驾山，先妣与王氏先祖妣墓地之间，择期本月27日发引安葬。呜呼！吾与汝姻缘如是之短，殊令人思之不服。他生之缘，愿无忘之。父亲意欲吾稍缓纳亲，吾意汝生前一杯一箸，犹爱情不肯轻畀他人，岂以我身汝甘使他人一尝鼎耶？吾之有愧于汝，料汝英灵必能谅原。吾自今以后，惟当更求守身如玉，使此心如古井不波。吾意我若先汝而死，不知汝哀痛何如，或汝以身殉我矣。吾即不能以身殉汝，著更不能为汝守此心。守此身，他日同穴，以何面目向汝耶？吾本有独身终老之心，且吾亦以学一自立生活为乐，汝既不终天年，吾初无须人扶持，汝如有知，于汝之去我太亟，亦不必悔，更不必念我寂寥，惟有法可续他生之缘者，必力求之，此则所以惠我者深矣。此生已休，惟他生可卜耳。

吾思汝从我两载余，初无何等乐境。吾作事过于刻板，且爱书过于爱汝，每使汝孤寂无聊，今日回忆殊有愧矣。吾原谓将来卒业，则汝之幸福渐增，岂知汝竟不待吾卒业而去乎？吾即失汝，今日所谋者，则卒业后就事，如何填补此次丧事亏空。且父亲之意，吾等能回江苏亦孤死正邱首之意。且先妣之葬，略有谬误之处，吾意就事钱稍多，则将迁先妣与汝之柩回常州。江南风景较此为佳，且从此汝更可与先妣相近，盖吾等意欲购大地一块，永为吾家墓地。呜呼！吾果有所人不与汝谋阳宅，乃谋及阴宅，吾不知汝瞑目乎？否也。

前者卿问我，卿死后我将如何，今除同死一言，我一一皆践其诺矣。吾坚持不续娶，吾意汝必怜我，然亦不必怜。吾性孤介，前者幸得汝，不然欲有家庭之乐，未必能也。吾今又安得端肃聪明如汝者而妻之？且得此等人，如待遇同于汝或更优于汝，我宁死不肯为。吾惟愿汝魂魄常依附吾身体，吾将来至上海，汝仍随我至上海。我虽不见汝，我心滋慰。又汝终不能常入我梦，吾意汝魂魄或已无知，果无知亦免汝柔肠百折，珠泪千行，事亦良佳。惟恐或虽有知，强鬼挟持汝，不使汝与我相见。吾意果有鬼必有神，吾将力求修德造福，使神灵可护我，并我所爱之人。使我等痴愿必偿。向如魂魄无知，我将未亦归于此境。惟愿化灰尘后，汝之躯壳与我之躯壳更揉杂，不可辨。其中又不许他人之躯壳相揉杂，此亦无知之一乐也。吾等既合葬，此乐或可求而得之。固合葬使汝兆偏左，留其右以待我，汝喜耶？嗔耶？惟愿我将来死后能见汝来相迎，从此永远同眠于重泉之下，以雪此壳，则异室之根，吾知汝再见我之时，或不至憾余言不顾行，事死不能如事生也。

仲清每露感汝及感余之意，其情甚真挚。吾原推爱卿之心以及彼，今已无以报卿，故尤注意彼。吾犹忆汝前年归宁后，告我汝家中仲清等之不上进，颇倦倦无以为什。人言女生外向，汝之念念母家，何曾外向？是知汝固非寻常女子也。仲清欲来与我同居，父亲、岳父俱已赞同。此既慰我寂寥，亦于仲清有益。吾将来至上海，必设法携仲清往投考学校。吾常见仲清，常为仲清尽力，庶几稍足以自恕负汝之罪，亦使汝不更以汝家未来事为虑也。

自汝逝后，伯父、父亲、岳父俱虑余悲思过当，或致狂疾，吾当事诚抑郁不解，老天何心乃如此处我？事后追思，又觉我处置多所失当，使汝致于此。吾思死诚不足为祸，惜不得同死。更以家中诸多关系，亦不敢同死。吾既不死，又敢狂乎？吾果狂何益于汝？他人不谅，或且以为汝致我狂，则重诬汝矣。近来力求排遣之法，精神渐觉复原。呜呼！吾等不幸而运乖，遽成异世之人。我死与不死，狂与不狂，再娶与不再娶，总觉许多未安，但亦只得求比较可安者而安之。吾知汝在冥中，亦必心中转侧，不知如何为我为计。事已至此，更无善计可言。汝第任吾今日所行，不必又或有所歉然于心也。汝不必念我无子，我之不信无后为不孝之说，汝所素知。我苟立志向上，吾父乃及祖宗必不以无后责我，更不致以此怨汝，汝一切放心。汝既为吾家而死，历代祖宗必矜怜汝，其他愚拙之事，发于我之痴情，无与于汝事也。

吾已以汝临产之一切情形撰《临产之大教训》一篇，又撰《悼亡杂话》一篇未成，此二篇均不甚可意，或须改作少年失偶，汝我难堪之情，谅无大异。吾惟祝汝无知，汝果有知，或更不能善排遣如我，吾惟愿汝能宽心自寻乐趣。

吾为汝筹葆秀大工厂事，苟天假以缘，事非难成。吾失汝，琐屑之事，顿无人为助，外间如遇得意之事，亦无可告语。吾为汝擦棺、购置点心，意欲一睹汝笑容，终不能见。前者岳母生日，吾亲携点心二包往赠，此汝屡嘱我而我不为者。今我为之，汝不及见矣。是日与姚舅舅等打牌，吾又念今年新正，终未从容与汝一游嬉，此皆吾作事过于刻板之过。吾不知如何能补此缺憾，吾惟愿常保此灵明，死后做鬼夫妻。庶几不致再有缺憾如此刻。吾自问，除一种痴情，一种向上心，并此干净身体以外，更无事可以对得住汝。汝爱吾不肯深责吾，吾以此愈不能忘汝矣。汝怀孕十月，不知所受是何滋味，中夜疼痛不能安枕，尚宁默然自己下床料理一切，知我睡眠有定时，早起不欲过晏，终不愿轻易扰吾。呜呼！吾今日思之，愈不能不恸汝，吾不知体贴汝，待汝虽不严，而酷如此，吾惟有于汝去后，本吾良心，不作一负汝之事，不然吾无以自恕矣。吾愿吾他生托身为女子，与汝为妇，亦一尝怀孕分娩之苦，以赎此生之罪。此言出于吾之赤诚，汝必能相信也。

父亲知吾拟每月致汝一函，谓如此恐遭魔祟，此父母爱子之心。余意以遵命为是。惟吾每月十五日必一计是月中为汝所作事若干，以志不忘。汝不得每月得吾书，或非汝所愿，汝能魂魄依余，则余之心即汝之心，余之身即汝之身，更不必假尺素之力而情愫始通也。家中自汝丧后，群众一辞，以迁家为宜，床空裳冷，我亦难以为怀，不如不见为净。如因汝伤我身体，汝必不安，且亦过于拂诸长者之意也。吾如卒业就业沪滨，每年至少必两度省视汝墓，在此则拟每年四次。吾已无事报汝，惟以一颗心请汝鉴纳而已。

我校中尚未开课，大约总可以敷衍毕业，四弟因料理家务，前不久始赴宁，近因宁疫甚盛，避之杭州。吾前与汝约就业沪滨，得便必游苏杭名胜，今已不可得矣。抱冰堂花又盛开，汝魂魄亦能一往游览耶！吾言有尽，而意无穷，吾亦不知将来更何时致书于汝，惟于有必要情形时，必不忘致书耳。吾自号"永鳏痴郎"，我亦痴，汝亦痴，既痴于前矣，安容不遂终身痴乎！汝以吾言为然否？

真是痴人啊！

1919 年 5 月，恽代英带领"互助社"成员全身心投入到反抗日货的活动中，成为武汉地区五四运动的领导人之一。年底，他作《共同生活的社会服务》宣言，成立利群书社，希望"靠这种共同生活的扩张，把全世界变为社会主义的天国"。年末，恽代英用有限的资金租下了武昌胡林翼路 18 号为社址。在这里，恽代英见到了毛泽东。此时，毛泽东率驱张代表团赴京请愿，路过武汉。在此后近半个月的时间里，毛泽东与恽代英、林育南等朝夕相处，畅谈革命理想，指点江山，纵论天下，有着挥斥方遒的气概。

1920 年 2 月 1 日，利群书社正式开业，主营《新青年》《每周评论》《新潮》等进步期刊和马克思主义著作，书社成为武汉地区进步青年的联络站和传播新思想的重要阵地。

就在这个月，陈独秀前来武汉作演讲时，见到了恽代英，他邀请恽代英翻译考茨基的《阶级争斗》，这本书后来于 1921 年 1 月由新青年社出版。当毛泽东在保安向斯诺谈起他成为马克思主义者的经历时曾提道："有三本书特别深的铭刻在我的心中，建立起我对马克思主义的信仰。"其中一本《阶级争斗》，就是恽代英翻译的。

《中国青年》的办刊宗旨是引导青年到活动、强健、切实的路上，以激发其革命热忱。创刊号《青年们应该怎么做!》《怎样才是好人》，第 4 期《救自己》、第 6 期《青年运动与革命运动》，都是此一方面的内容。

由于《中国青年》积极引导青年参加革命，瞿秋白主编的《新青年》季刊第 2 期，刊登《中国青年周刊出版了》一文宣称：因为中国青年的脑与血，都被老年的制度与学说麻醉得停止了，《中国青年》周刊誓为麻醉物之死敌。

青年事实上是浪漫的，是充满着梦想的，因此脱离现实、崇尚文学者众，1923 年 11 月 17 日《中国青年》第 5 期，发表秋士文章《告研究文学的青年》一文称："中文到了如今，情形可谓一天坏过一天；青年到了如今，壮气也可谓一天冷一天！中国问题的解决，必有待于中国的青年，而中国的青年却这样死沉下去，中国还有一点希望么？"因此，作者对研究文学的青年做出忠告："你真有意做文学家么？朋友，那你就不应仅知道怎样才算一个文学家，应该去实行你所知道的。你应该像托尔斯泰一样，到民间去，……你真热心于社会问题解决的事业么？朋友，快快抛去你锦绣之笔，离开你诗人之宫，诚心去寻找实际运动的路径，脚踏实地一步一步走下去！"

1924 年 5 月 17 日，恽代英在第 37 期也发表《文学与革命》一文指出："先有革命的感情，才会有革命文学。"欲做一个革命文学家，"第一件事是要投身革命事业"，做脚踏实地的革命家，培养革命的感情！

"到民间去"投身革命事业，成了青年间一种时新的思潮，引起广泛的注意。直到 1926 年 7 月 24 日第 128 期，李求实还发表《怎样才能到"到民间去"?》一文，指出青年"到民间去"，应切实深入工、农、兵当中，"进行本地和平的改良"，"参加地方斗争"。

　　邓中夏作为最早"到民间去"的共产党员之一，于 1923 年 12 月 8 日第 8 期上发表《革命主力的三个群众》一文指出，"为革命主力的工人、农民、士兵这三个群众尚未醒觉和组织起来"，是因为青年"并未到这三个群众中去做宣传和组织的功夫"，赋予青年"启蒙者"的角色。

　　关于如何到民间去开展工人运动，同年 12 月 25 日，邓中夏在《中国青年》第 9 期发表《论工人运动》一文称："我是曾经做过工人运动的人，据经验告诉我，使我深深地相信中国欲图革命之成功，在目前固应联合各阶级一致地起来作国民革命，然最重要的主力军，不论现在或将来，总当推工人群众居首位。"他又说，工人运动是任何革命方式之下，应该特别重视而不可变更的。不然，漫然高唱什么样的革命，终归是建屋于沙土之上。他为此呼吁："我所敬佩的以中国革命为唯一的使命的社会运动家呵！望你们鼓励向来重视工人运动的精神与热心，持续地努力呵！如此基础已立，功亏一篑的工人运动，你们因稍稍受一点波折，便认为此路不通，要另辟他道，我恐怕你们再革命一万年，也不能成功呢。"

　　1924 年 6 月 28 日，第 37 期发表恽代英《生活，知识，与革命》一文，也鼓励青年参加革命、关注周遭，投身社会。他告诉青年学生为什么要做农村运动，如何"最有效地联络"农民，以进行农民运动，以及进行农民运动有何意义等。

　　如标枪，如匕首，中共早期刊物《向导》《前锋》等都开设有"寸铁"专栏，所发文章少则几十字，多则二三百字，具有很强的讽刺性。为此，《中国青年》从第 101 期也开始不定期设置"寸铁"专栏，主要作者有萧楚女、刘仁静、恽代英、齐白石、卓恺泽、陆定一等人。

1925 年五卅惨案发生后，全国爆发了反帝怒潮，学生罢课、工人罢工，第 121 期《中国青年》刊发"五卅纪念专号"，封面破例采用一幅丰子恺绘制的漫画《矢志》，画上画着一座高塔，在塔的顶端横插着一枝夸张的大箭，这是《中国青年》创刊两年来，所开创的采用图案或绘画的先例。该期《编辑以后》一文说："这画的含意是唐代名将张巡部下青年勇将南霁云射塔'矢志'的故事。我们希望每一个革命青年为了被压迫民族的解放，都射一枝'矢志'的箭到'红色五月'之塔上去！"这期《中国青年》还刊出纪念性漫画《他们的血不是枉流的啊！》，画面上绘着"五卅"烈士墓旁伸出了象征中国人民力量的巨大拳头，表明帝国主义的屠杀并不能击退中国人民反帝怒潮。

　　由于胡适在《爱国运动与求学》中劝告学生回到书桌前，将爱国热情转化为务实学习，安心求学，遭到各方批评。刘仁静当即在"寸铁"上揶揄胡适："你劝人家求学，你却不守学者本分，去做政治勾当。"

　　1927 年 3 月，蒋介石、白崇禧的北伐军到达上海，一再声明要"保护外人生命财产"，刘仁静在"寸铁"发文讽刺道："外人的生命财产，既有蒋总司令、白指挥为之保障，华人的生命财产，有谁来保障？"

　　《中国青年》所发"寸铁"短文，笔法灵活，言辞犀利，针砭时弊，不仅吸引读者认清形势，也使文章充满了战斗力。

　　除开"寸铁"栏目外，《中国青年》自第 28 期开辟的"通讯"栏目也颇见特色，其"通信""答问""读者之声""读者来信"等专栏，内容涉及婚姻、家庭、读书、革命等方面，由恽代英、萧楚女等为青年读者解疑释惑，引导他们努力改造社会，信仰革命，"与社会恶势力作战"，唯有如此，国人才可以扬眉吐气。又言为自己的权利奋斗，应谋求中国的政治革命，只有革命成功后，青年的读书、生活、结婚，即可以完全解决。

恽代英认为，"青年最要紧的精神，是要与命运奋斗，要在任何环境中间都能够解决自己乃至中国的问题"。他主编的《中国青年》甚至获得了"奋斗到光明的路上来，只有看最彻底的革命刊物——《中国青年》"的赞誉！

1927 年，恽代英在一次讲演时说道："年轻人！有决心干三十年革命，你不过五十岁。接着再搞三十年的建设，你不过八十岁。我们的希望，我们的理想社会主义、共产主义恐怕也实现了，那时世界多么美妙！也许那时年轻人不相信我们曾被又残暴、又愚蠢的两脚动物统治过多少年代。也不易领会我们走过的令人难以设想的崎岖道路，我们吃尽苦中苦，而我们的后一代则可享到福中福。为了我们最崇高的理想，我们是舍得付出代价的。"这何尝不是《中国青年》所蕴含的精神呢？

《中国工人》，准备着迎战！

中国共产党成立前后，为推动工人运动发展，在上海、广州、北京相继创办了《劳动界》《劳动者》《劳动音》等工人期刊，引起各地工人运动此起彼伏迅猛发展；但是由于反动军阀查封等诸多原因，早期创办的工人期刊都已停刊。为更好地宣传中国共产党的有关主张，与时俱进地指导工人运动，1924年10月，中共中央在上海创办了《中国工人》，由罗章龙和邓中夏负责编辑工作。

1925年1月，中国共产党第四次全国代表大会通过《对于宣传工作之议决案》，决案明确指出《中国工人》的读者定位和基本职能，即"应成为党在职工运动中简单明了地解释理论策略，描写各地工农状况的唯一机关，并需兼顾各地方的普遍要求"。

《中国工人》创刊号上发表了彭述之两篇文章《我们从直派与反直派斗争中所得的教训》《中国工人的责任》，邓中夏三篇文章《赵恒惕摧残工人之又一方式》《资本家的慈善事业》《国民革命与劳资妥协》，士炎两篇文章《工人与党》《帝国主义之进攻与中国劳动运动》，以及一些劳工信息的报道。

这些文章一方面以向广大工人宣传马列主义，启发工人阶级觉悟、促进工人内部团结、推动工人运动深入发展为己任。如彭述之在《中国工人的责任》一文中写道："无产阶级革命运动，是在消灭资本主义而建立共产主义社会，国民革命运动是在打倒帝国主义和为帝国主义所利用的本国封建余孽，而建立民族独立自主的国家。"指出了无产阶级革命运动的本质和革命目标。

另一方面则运用生动、具体的事实揭露资本家的贪婪本性，控诉帝国主义对中国工人的残酷压榨，启发工人阶级建立自己的工会组织。创刊号《炭井过空淹毙三十六人》报道：山东博山西河悦升公司的炭井因设备不周，挖透古洞，导致透水事故，"淹毙三十六名"，而"所被淹毙之工人，半无家属，即有家属者，所领抚恤费，不过五十吊"，该矿工头"家私百万，皆从剥夺工人血汗而来"。文章用血淋淋的事实和具体数字，揭露了资本家唯利是图、无情剥削工人的本性。第 4 期《上海的童工问题》一文运用大量翔实数据全面揭示了上海的童工现状，并把上海分为十区，详细列举每区 12 岁以上和 12 岁以下男女童工的人数，具体描述了棉厂、纱厂、烟厂、火柴厂等童工的生产生活状况，批判了资本家残酷剥削的卑劣行径。同期石夫的《资本家何等残暴》以饱满的激情痛陈资本家何等残暴、工人何等苦命，号召广大工人团结起来，为自己的基本权益而抗争。

11 月，《中国工人》出版第 2 期，邓中夏又发表了《法西斯特之一幕》《海员的宣传问题》《我们的力量》《启汉同志出狱》《启汉出狱、喜极而泣，诗以志之》《莫活见鬼罢》等多篇雄文，既迎接中国工运先驱归来，又昂扬地展示工人阶级奋争到底的力量。

此前，在龙华陆军监狱度过两年多牢狱生活的李启汉，于 10 月 13 日被释放，邓中夏和李立三等一起前去迎接，他们看到李启汉备受折磨的身躯，都禁不住掉下热泪，并在一起合影。邓中夏在《启汉同志出狱》中赞扬"启汉同志，乃是一个无产阶级的先锋，劳动运动的健将；……凡是对劳动阶级有利益的事，他无不尽心尽力的去干。因此惹动了帝国主义者和资本家的怀恨，无日不想设法谋害他。"《启汉出狱、喜极而泣，诗以志之》更是写得热情洋溢：

阴森黑暗的狱囚，

冰冷沉重的镣铐，

粗沙巨细的牢饭，

哦哦，我们的战士，

苦了你了！

屈指数来，

已是两年四个月了。

你的神采似乎比以前还光辉了些；

但是，你乱蓬蓬的发呢？

你短鬃鬃的须呢？

啊！出狱时剃去了。

但是，解开你的衣襟，

笞痕减去了没有？

脱下你的鞋袜，

镣痕消去了没有？

啊！斑斑犹存。

我泫泫的流泪了。

哦哦，我们的战士，

准备着迎战！

准备着厮杀！

　　这是一篇战斗的檄文，揭露了帝国主义的凶残面目，也激励着李启汉"绝不能因此灰心，应更向前奋斗"，"坚持到底，以达最后胜利"的决心。

　　在《我们的力量》一文中，邓中夏首先指出"自从国际资本帝国主义侵入之后，中国宗法社会的小农及小手工业经济日益崩坏，新式工业经济日益发达，因此，我们无产阶级在这当中也就随之日益发展而成长壮大了。”然后列举了无产阶级的人数和组织，批驳了对无产阶级的力量的怀疑，又对资产阶级和小资产阶级进行了分析，最后写道："只有无产阶级有伟大集中的群众，有革命到底的精神，只有它配做国民革命的领袖。只有无产阶级一方面更增进强大他们自己的力量，一方面又督促团结各阶级微弱的散漫的力量——联合成一个革命的力量，方能成就目前国民革命以及将来社会革命的两种伟大事业。”文章呼吁一切肩负中国革命唯一使命的社会运动家，重视工人运动的精神与热心，持续的努力！

《中国工人》文章往往深入浅出，通俗易懂，它不仅运用多种形式，生动反映工人的苦难生活，及时表达他们摆脱贫困和压迫、渴望自由的心情，同时也不回避问题，直面工人和工人运动中存在的不足。如创刊号上刊登得龙的《南洋烟厂罢工失败的原因与所得的教训》一文，明确指出："我们由这次罢工失败的教训，推测其他罢工失败的原因，大多数无不由于无强固组织和时机的不宜。”文章也对今后更好地开展工人运动提出了具体而合理的建议："一、团结上应注重全部的组织——产业的组合，并且是精密有力的组织；二、部员的训练为团体最重要的职务；三、权力应当集中，成为铁一般的纪律；四、注意罢工的时机。”

邓中夏《海员的宣传问题》一文同样也提到："可惜自那次大罢工以后，到现在却寂寂无闻了，据深悉内幕的工友说内部亦涣散得不堪了。这是我们所引为隐忧的。”并对海员的宣传问题提出了建议：一是打破帮口，团结工友；二是统一工会，建立工人的基本组织；三是宣传民族平等，联络世界无产阶级。

此外，《中国工人》也刊发了大量介绍国际工人运动的文章。

如第 1 期重远《英国工团大会的污点》、士炎《美国黑种工人要求加人工会》等文，介绍英国工团大会和美国工会的情况。第 3 期罗章龙所撰《十年以来的世界工会运动》，详细介绍赤色职工国际和国际职工协会，并全文刊载出席汉堡第四次国际运输工人大会的报告，分析评论了国际工会运动的经验教训，提出了国内工会运动需要努力的方向。第 5 期"纪念五一运动"特刊中发表张国焘《五一运动与中国工人》、瞿秋白《五一纪念与共产国际》、张雨铭《五一纪念略史》等文章，号召全世界无产阶级团结起来，抗争到底。

1925 年 5 月，第二次全国劳动大会在广州召开，中华全国总工会正式成立。《中国工人》成为全国总工会的机关报，不久后停刊。

秋之白华的特别"礼物"

瞿秋白跟苏维埃俄国有缘，跟 11 月 7 日这个日子有缘。1922 年 11 月 7 日，他在哈尔滨等待着去俄国，1924 年 11 月 7 日，十月革命五周年纪念日这一天，他与杨之华结婚。

此时，瞿秋白正在上海大学任教，杨之华则是上海大学学生会负责人。

杨之华，浙江萧山县人，既聪明好学，又有超群的美貌。1920 年，她与沈剑龙结婚，后听说上海《星期评论》社要组织一批青年到苏俄去学习，便只身来到上海，留在《星期评论》社工作。1922 年 7 月，杨之华开始关注妇女解放问题，在陈望道主编的《民国日报》副刊《妇女评论》上发表《社交和恋爱》《离婚问题的我见》等文章，喊出了自由解放的心声。

1923 年底，杨之华考入上海大学社会学系，不久加入上海大学社会主义青年团。她和同学一样感觉教授瞿秋白是"骄傲的""冷酷的"，直到一次在鲍罗廷家中相遇，杨之华才对瞿秋白有了新的认识。

那天，团支部通知杨之华到苏联顾问鲍罗廷那里去作汇报，原来鲍罗廷夫妇想了解上海妇女运动的情况。杨之华遇到瞿秋白，才知道他将担任谈话的翻译。杨之华后来回忆："从这次工作接触后，我觉得他很诚恳，很愿意帮助别人。他不但不骄傲，而是很谦虚；不但不冷酷，而是很热情。他的热情，不是浮在表面，而是蕴藏在内心，只有当人们和他在一起工作时，才能深切感觉到这种热情的力量。"而正在上海大学师生中激荡的革命风云，将他们紧紧地联系在一起。

据当时上海公共租界工部局《警务处日报》记载："最近几个月来，中国布尔什维克之活动有显著之复活，颇堪注意。这些过激分子的总机关设在西摩路 132 号上海大学内，彼等在该处出版排外之报纸——《向导》，贮藏社会主义之书籍以供出售，如《中国青年》《前锋》。该大学之大部分教授均系公开的共产党人，彼等正逐渐引导学生走向该政治信仰。教授中计有：……社会学系教授瞿秋白，瞿系中国布尔什维克领袖之密切友人；……为《向导》写稿的则有：蒋光赤、张太雷、刘含初。"这表明瞿秋白主编的党中央机关刊物《向导》受到了关注，瞿秋白也陷入危险之中。

12 月 9 日下午，工部局警务处刑事处及静安寺巡捕房包探，对上海大学和师生宿舍进行公开搜查，搜去"社会主义性质之俄文书籍三百四十本"。警务处在报告中说："所发现的证据都明显地说明了该校的三百个学生的大部分是共产主义的信徒。他们所受的训练，无疑地是企图使他们成为有智力的共产主义宣传家的。"

为此，租界当局下令通缉瞿秋白。幸好，瞿秋白已于一个月前由慕尔鸣路搬到闸北宝通路顺泰里 12 号，得以逃避巡捕房的缉拿，但家中所藏书刊均被焚毁，其中的俄文书还是他在莫斯科节省食糖换来的，他对此极为珍惜。当杨之华将此一消息告诉瞿秋白时，他在屋子里来回地走着。然后，停下来说："书烧了，但是进步的思想是毁灭不了的！"

此时，杨之华与沈玄庐之子沈剑龙还有着婚姻，是由家庭包办的。1924 年 11 月，瞿秋白与杨之华一起回杨之华家乡萧山，与沈剑龙协商解除了婚姻，并在 11 月 7 日《民国日报》上登出两则启事，一则杨之华与沈剑龙的离婚启事，一则杨之华与瞿秋白的结婚启事。

此事颇掀起了些风波，引起了些非议，瞿秋白的心情很苦恼，给正在北京的丁玲写了十几封信，几乎每一封信中总是要提到王剑虹，也几乎每封信都在责骂自己，说什么人都不配批评他，只有天上的"梦可"王剑虹才有资格批评他。这时，丁玲看这些信，并不明白瞿秋白为什么这么说。

冬天时，瞿秋白前往北京，在门房里给丁玲留下一封信，上面写着旅馆的地址。丁玲匆匆忙忙吃了晚饭，坐车赶到旅馆去，却发现只有瞿秋白弟弟瞿云白在。瞿云白高兴地拿给丁玲一张照片，丁玲立即发现是认识的人，王剑虹生前也认识。

丁玲回忆说："她长得很美，……在我们楼下见到过的。这就是杨之华同志，就是一直爱护着秋白的，他的爱人，他的同志，他的战友，他的妻子。一见这张照片我便完全明白了……"

杨之华与沈剑龙育有一女名独伊，杨之华极渴望一见。后来，她偷偷回去见了女儿一面，又匆匆而别，回到上海仍思念不已。瞿秋白讲《安娜·卡列尼娜》给杨之华听，想尽一切方法为她解忧说："旧的社会制度窒息了多少人们的心灵呵！但是你处的时代和安娜·卡列尼娜的时代完全不同了。你一定会得到你的幸福，你一定能够看到你的孩子，也一定能够和你的孩子在一起生活。"他还写了一首长诗给杨之华，表明孩子将有光明的前途，他会爱护她，培养她，教育她，使她成为对社会有贡献的人。

后来，杨之华的母亲设法把独伊送到了上海，母女终于团聚。

他们心连心、共患难地爱着。一天晚上，瞿秋白忙里偷闲，刻了一方印章，蘸上红色印泥，清晰地印在宣纸上，杨之华一看，四个字："秋之白华"，将两人的名字巧妙地合刻在一起，杨之华深为感动。

此时，瞿秋白转入地下活动，在宝通路顺泰里 12 号租了个很窄小的房间，在这里进行创作，秘密从事党的工作。

1925 年 1 月，中共四大在上海召开。瞿秋白参加大会的领导工作，并担任大会政治决议草案审查小组组长。他在会上作了长篇发言，对草案中若干重要问题，如对党如何正确建立国共合作和领导国民革命等，都作了理论性的阐释。大会通过的政治决议案，第一次明确提出了无产阶级领导权的问题。会后，瞿秋白当选为中央委员，与陈独秀、蔡和森、张国焘、彭述之组成中央局，并与蔡和森一起担任宣传委员，杨之华任中央妇女部委员。

这年春天来得格外早，有一种革命的能量在春天里悄悄酝酿，日益勃发起来。2 月间，上海沪西日商内外棉纱厂工人，在中共党员邓中夏、郭伯和、刘华、杨之华、李立三等领导下，发动著名的二月罢工，取得了部分胜利。

瞿秋白转入地下活动，也有了更多的精力放到党的工作上来。二月罢工期间，他在 2 月 7 日、14 日、21 日、28 日四期《向导》上连续发表文章，指出工人阶级是中国反帝反封建民族民主革命的主力军，指出"在这中国民族的总斗争日渐兴起的时候，工人阶级自然力求奋起而领导他"，"中国民族革命运动的继续进行，都全看新起的职工运动能否充分的自由发展，中国工人阶级能否因此发展而成为伟大的独立的政治势力"。对工人运动寄予厚望。

陈独秀也在 2 月到 4 月间的十几期《向导》上连发《中国国民革命运动中工人的力量》《被压迫者的自由与赤化》《好个不使劳动界反抗资本家的劳工》《亡国的上海》等数十篇文章，贯彻中共四大决议精神，强调工人阶级为新生产力之代表，富有集合力和决战力，积极宣传集中全党之力，推动工人运动。

4月5日出版的《向导》第109期上，除了陈独秀、蔡和森等集中于反帝宣传的文章，还刊有瞿秋白《上海之外国政府与中国臣民》一文，集中反映民众的要求——撤掉上海的外国海陆军，废除租界，废除外国巡捕，废除领事裁判权；引导人民坚决彻底地反对帝国主义的统治。

5月间，中共中央亲自指导工人运动，并强调注意发展和强化反帝统一战线。根据这一指示精神，陈独秀在《向导》寸铁栏目上连发文章，瞿秋白则撰写了《五四纪念与民族革命运动》《五七国耻与日本帝国主义》《北京政变后的政局与工人阶级》《评职工运动中的反动派》等文，阐明斗争策略和方向，为五卅运动提供了思想理论武器。

到了5月下旬，工人运动更加蓬勃地兴起。5月15日，上海内外棉纱七厂工人、共产党员顾正红受到日本资本家残害，纱厂工人被打伤十余人。顾正红由于伤势极重，于5月17日去世。当天，瞿秋白奋笔撰写《日本对华之屠杀政策》，愤怒控诉日本帝国主义的屠杀政策，严厉指斥日本帝国主义者。

5月24日下午，工会在沪西潭子湾举行大会公祭顾正红烈士，学生和各界民众参加大会者共万余人。"为顾正红烈士报仇！""打倒帝国主义！"的口号声震天动地。

5月30日，上海大学、同济大学、南洋大学的学生演讲队陆续进入租界，罢工工人、邮局和铁路职工、商店的人也加入学生的队伍，反帝口号声一浪高过一浪。英国巡捕头目埃弗森下令逮捕百余名演讲者，这更激起民众的愤怒。面对巡捕挥舞的警棍，民众毫不畏惧，聚集在捕房前，要求释放学生。埃弗森突然下令开枪，顷刻间子弹横飞，血流遍地，十几人被杀害，数十人受重伤，轻伤不计其数。这就是举世震惊的"五卅惨案"。

杨之华与瞿秋白的弟弟瞿景白都参加了上海大学演讲队，他们亲眼看到了这场血腥的屠杀，景白还被巡捕打伤了，回到家里后，李立三也来了。他们向瞿秋白报告了情况，瞿秋白抑制着愤怒说："这是帝国主义直接进攻中国革命的罪恶挑衅，他们想用屠杀革命群众的手段来扑灭国民革命运动。我们必须扩大革命的进攻来粉碎帝国主义的进攻！"

5月31日清晨，中共中央在闸北横浜桥附近一幢旧式楼房里召开紧急会议，决定由蔡和森、李立三、刘少奇、刘华和瞿秋白等组成行动委员会，领导展开反帝斗争，并决定以中共中央名义发表告全国民众书，号召全国各被压迫阶级的群众起来，掀起全国性的民族解放运动高潮，为废除不平等条约，推翻帝国主义的统治而奋斗。

由于五卅惨案震惊中外，帝国主义租界当局在使用暴力镇压的同时，对外封锁消息，掩盖事实真相，还利用公共租界的列强报纸，如英国的《字林西报》《上海泰晤士报》，美国的《大陆报》等颠倒黑白，对运动进行大肆攻击与污蔑。

而公共租界的中文报章，如《申报》《商报》《中华新报》《神州日报》《新申报》等，在政治和经济的压力下，不敢如实报道事实真相。有的甚至把帝国主义残杀中国人民的罪行，描写成英国巡捕因群众不听劝告，不得已才开枪；有的直接刊登帝国主义通讯社发布的造谣电讯，成为帝国主义的义务宣传员；还有的散布"诉诸公理""法律解决"等妥协论调。

舆论这个阵地，你不去占，别人就会去占。由于中国共产党成立以来，在数年时间内所创办的刊物多为周刊和月刊。当时党的机关报《向导》即以周刊出版，周期较长，与正在发生的汹涌澎湃的反帝爱国斗争极不适应。鉴于这种情况，中共中央感到迫切需要加强报刊宣传工作，追求时效性和战斗力，于是会议决定出版一份日报，向广大民众报告五卅惨案真相，并指导运动的发展，决定由瞿秋白担任主编。

第二天，瞿秋白找来中共党员郑超麟、沈泽民、何味辛等6人组成报社编辑委员会。

这份日报为什么取名《热血日报》，编辑郑超麟回忆说："五卅运动爆发后，商务印书馆资本家为了表示爱国或其他原因，拿出一万元给职工办一张小报，职工们于是出了《公理日报》，固然是爱国的，同情当时轰轰烈烈的运动的，但态度温和而稳健，瞿秋白看了后对我说：'哪里有什么公理，我们自己来办一个《热血日报》罢。'几日之后就办起来了。"

白手起家出版一张报纸，而且还需要以最快速度出版，并非易事，瞿秋白主持召开简短会议布置任务，众人便分头去联系租房、印刷、发行及进行采访、约稿等事宜。

奔波忙碌一天，瞿秋白和沈泽民终于租到了房子，杨之华回忆，这是在闸北浙江路底华兴路56号的一间客堂，房间狭小，陈设简单。《热血日报》自第2期起到第11期，在报头左边以小号字体刊登了地址："北浙江路华兴坊五六七号转"。从第12期起改为"社址上海北浙江路华兴路五十六号"。6月16日，《热血日报》发行至第13期时，在上海《民国日报》头版刊登启事："兹为扩大销行的范围起见，特设发行所于北浙江路底华兴路五十六号。"由于《民国日报》发行极广，这则启事中将社址说成发行所地址，应该是出于保护编辑部的目的，这也是特殊年代迷惑敌人的手段。

瞿秋白与胡愈之、郑振铎创办的《公理日报》社谈妥，初期由他们临时承担《热血日报》的排版及印刷。另据郑超麟回忆，中共中央当时决定办一个印刷所，但来不及开工，《热血日报》由公共租界梅白格路（今新昌路）明星印刷所承印。每天黄昏，把全部稿子带回梅白格路，排出后再校对。明星印刷所老板徐尚珍是同情共产党的党外人士，同时还承印《向导》《中国青年》《解放周刊》等进步刊物。后来明星印刷所被封，党中央自己的地下印刷所已筹备就绪。

这天晚上，一行人搬进新租的房子，报社全体人员彻夜未眠，策划、敲定各版主要栏目：一版设"社论""我们的要求""外人铁蹄下的上海"，二版设"要闻""国内要闻""国际要闻""紧要消息"等栏目，还设有副刊《呼声》，刊登小评论、杂文、通讯和文艺。

6月4日，《热血日报》在上海诞生了，它是中国共产党创办的第一份日报，瞿秋白题写报头，并作"发刊词"及"社论"。

在发刊词中，瞿秋白写下充满激情、激动人心的热血宣言："现在全上海市民的热血，已被外人的枪弹烧得沸腾到顶点了……民族自由的争斗是一个普遍的长期的争斗。不但上海市民的热血要持续的沸腾着，并且空间上要用上海市民的热血，引起全国人的热血，时间上要用现在人的热血，引起继起者的热血……现在世界强者占有冷的铁，而我们弱者只有热的血；然而我们心中果然有热的血，不愁将来手中没有冷的铁，热的血一旦得着冷的铁，便是强者之末运。"从6月9日第6期起，发刊词中"上海市民的热血，已被外人的枪弹烧得沸腾起来了！"这句标语，一直到最后一期都加注在首页上，激荡着工人读者的心。

社论题为《外人屠杀之反抗运动方针》，瞿秋白在文中指出："中国领土上会发生外国军警任意屠杀中国人的事，这是一个根本的问题。我们中国人要避免这种所谓的不幸的事，一定要从根本上改变我们的国际关系，一定要废除租界制度，完全撤退驻华外国海陆军——中国平民取得充分的自由和权利，恢复中国的主权。"为此，他着重提出了要求赔偿损失，允许工人合理罢工以外，还提出撤销租界工部局，废除领事裁判权，撤退外国在华驻军等八项具体要求，抓住了帝国主义侵华的要害。

创刊号还刊登了长篇新闻综述《上海外国巡捕屠杀市民之略述》，详细描述五卅惨案发生的经过。此外还有揭露军阀政府媚外求和的屈辱政策，批判民族资产阶级的怯懦软弱，支持上海民众掀起反帝爱国风潮等文章。

创刊号第一次印刷两千份，早上派发给报童，不到中午便卖光了。于是又加印了两千份，黄昏时全部告罄。第二天，"创刊号"又印两千份，不长时间全被买走。《热血日报》以发扬"民气""作被压迫民众的喉舌"为职责，以通俗易懂的文风，热血澎湃的内容，引导民众，一炮打响。

时任《热血日报》编辑的何味辛回忆：当时党组织处于秘密活动，报上不能印主办单位，连报社门牌号也不存在，编辑部只有一间客堂，屋中间放一张白碴木桌，几条长凳，为防特务发觉，门窗全都堵严，闷得像蒸笼，大家在昏暗的灯光下工作，挥汗如雨。瞿秋白患有支气管扩张，一次发作时咯血，血点甚至溅到文稿上，大家既敬佩又心痛地说："秋白为革命事业'呕心沥血'，我们的报纸是名副其实的'热血'日报。"

这一期间，瞿秋白工作十分繁忙，既要参加中共中央和地方的许多会议，为中央起草文件，给党刊写文章，向党团积极分子作报告，有时还去参加群众大会。他秘密来往于中央机关、编辑部和寓所之间，带着病和其他同志围坐在一张白木长桌上，挥汗工作。杨之华有回忆：办报的日子，秋白每天都午夜才到家，简单吃一点夜宵，又要撰写文稿、审核清样，只睡三四个小时就起来去工作，气管病不时发作，去医院打完静脉针又赶往报社。办报不到一个月，他体重掉了 10 多斤。

由于《热血日报》是在特殊历史时期创办的，为了能够激浊扬清，正确引导社会舆论，瞿秋白倾注了大量心血。他既是报社的主编，又是主要撰稿人，还是冒着生命危险、忍着疾病折磨深入一线的记者，不仅写社论、编新闻、看大样，还和大家一起做校对。他对杨之华说："这样工作比在大学讲台上讲课要有效得多。"

这期间，他先后以"热""血""沸""腾"等笔名，为《热血日报》撰写社论、时评 21 篇，杂感、民间小调数十篇，多的两千字，少的两百字，这些社论、时评、杂感、民间小调如标枪，如匕首，直击帝国主义的要害，又如一支支红色的火炬，照亮了反帝爱国运动的征途。

五卅运动如火如荼、蓬勃发展，迫使北京政府特派交涉员蔡廷乾、曾宗鉴前来上海，声称要调查和交涉五卅屠杀民众惨案，还接见了领导上海反帝斗争的工商学联合会代表，并表示一定要严惩凶徒，给民众一个交代。然而，当工商学联合会提出解决五卅惨案的合理条件时，他们回应称："此等条件未可一律看待，亦犹国民拿一桌菜来，我不能一时即吃，尚须有所选择。"他们还公然为逞凶杀人的帝国主义国家开脱："日领甚表好意，国际事件，甚赖各国之相助，愿国人亦分别视之。"

第二天，面对媒体公开表明态度与立场时，他们要求参与罢工罢市的民众要保持头脑冷静，自觉缩小罢工的范围，缩短罢工的时间，以"使大事化小，小事化无，则风潮自易收束，交涉自易解决"。劝告工商学界停止罢工、罢市、罢课，开市、复工、上课。

对此，瞿秋白在《热血日报》6月9日的社论《监督政府的外交》中，指出两名特派员的言论，"无异于代表外国人向我们说：'你们快些投降，死的是该死，损失的是该损失，中国本来已经是我们的殖民地'"，揭露北京政府的媚外嘴脸！

6月10日，他又在社论《五卅交涉的危机——注意亡国的外交政策》中，指出："这样的所谓外交代表，不但丧失了国人应有的气节，更沦为了日本的走狗。"严厉质问："蔡、曾两人究竟是代表中国，还是代表日本、英国、美国？""这种政府代表……还能相信他们办交涉不辱国权？""蔡曾这种口吻，简直是代表外国人向国民宣战"。

此后，在6月11日、16日、17日、19日数天里，瞿秋白相继发表社论《政府特派员是何居心》《五卅交涉中之民众要求——谨防外交当局的狡谋》《外交当局的欺人政策》《推翻媚外的军阀官僚》，对政府当局、官僚投降卖国行径进行无情鞭挞，告诫并鼓舞全国民众在欺骗和压力面前，要分清敌我、加强团结，依靠自身的力量，坚持斗争。

早在6月7日第四期上，瞿秋白就发表了《当心外国人离间的阴谋》一文，指出只有工商学联合起来，不中帝国主义离间的阴谋，才能取得胜利。当6月上旬，美国、日本、法国、英国、意大利、比利时组成"六国沪案调查委员会"到达上海，表面上制造"和解"气氛，事实上阻挠真相揭露的时候，瞿秋白又在《热血日报》上发表《公使团与开枪的西捕》《无耻的美帝国主义》等文，号召中国人民不要对帝国主义存任何幻想，而必须打倒它们！

调查委员会采取欺骗分化、威胁利诱的诡计，使民族资产阶级从反帝爱国统一战线中脱离出去。代表资产阶级上层利益的上海总商会，另外组织了"五卅委员会"，企图左右运动的发展，把工商学联合会提出的十七项条件改为十三条，删去了撤退外国军警、取消领事裁判权、工人有集会结社罢工之自由等重要条款。

对于这种叛卖行为，瞿秋白先后著文数篇，予以无情的揭露。在社论《上海总商会究竟要的什么?》一文中，他指出总商会只代表一小部分殷实的大商人，钱多势大，理应赞助反帝爱国运动，而实际上"却第一步就破裂这一民众的对外运动"，指出上海总商会之所以频频向列强妥协示好，"要的是保障外人在华利益"，"完全牺牲民众利益，要的是垄断交涉，希图讨外人的好……如果这场运动让他们来领导，其结果必然会导致中国完全失败"!

此后，在另一期《热血日报》上，瞿秋白又写下《帝国主义之五卅屠杀与中国的国民革命》的社论，进一步指出，"在现今的国民革命阵营中已经出现了分裂，即分为革命派与妥协派……而显而易见的是总商会的主张是一贯妥协退让的"，"这些妥协派正想方设法遏制群众的自由，以阻滞运动的向前推进"。这些社论揭露了总商会从妥协到叛变的事实，教育了商业界的左翼资本家与职员。

瞿秋白看到了民众大团结的力量，于6月15日在第十二期社论上发表《全中国都要受外国人屠杀了——上海总商会却还要反对民众的团结》，指出："上海五卅屠杀案还没有了结，外人的暴行却快实行到全国了。上海岸边停泊着英日美法意的舰队，租界上密布着武装商团和水兵，华租交界处架着机关枪……汉口的英日海军陆战队枪杀工人市民二十多名……"帝国主义的罪行简直罄竹难书，他为此号召"大家赶紧起来反对，尤其是商界，不应当让这少数人垄断，冒名代表全体商人"。他特别指出，"当今最紧要的事，便是乘这民气伸张的时候，把学生、工人、商人都严密地组织起来，甚至于乡村中的农民，也应当帮助他们组织。有了这种组织之后，民众才能有真实的力量，才能持久的和强暴的外国帝国主义者去奋斗"。毕竟，全国最近参加运动的几千万民众，已经是一个胜利的基础。因此，必须"赶紧把散漫的民众组成巩固的团体；把一时觉醒的民众，引导到国民革命的持久的斗争道路中去"。

妥协退让，只能让少部分大资产阶级获利，却不会让帝国主义改弦更张，瞿秋白在《热血日报》上尖锐批评对帝国主义实行退让妥协的谬论。他撰文指出："我们应当认清：谁是我们真正的敌人，谁是我们真正的朋友。"他认为谁以全力维持帝国主义统治中国的这种制度，谁就是中国人民真正的敌人。并发出呼告："总之，我们民众要靠我们自己，要靠我们真正的朋友，大家合力一致的奋斗，反对我们国外国内的一切敌人，才能达到我们的目的——根本解放中国，不再受人屠杀！"

6月中旬，北京政府交通部为了取媚外人，禁止工人集会，湖北军阀萧耀南在汉口枪杀爱国群众，消息传来，瞿秋白立即发表《推翻媚外的军阀官僚》一文，指出军阀官僚"残杀同胞，压迫平民的爱国运动"，全国人民"应当立刻起来反对，反对这些帝国主义者的刽子手"，"推翻这种政府"！

瞿秋白还挤出时间深入工人居住区，倾听群众心声。有一次，他看到一个工人正在读《商报》，就和他聊起来。工人说，这种报纸不为工人说话，尽是向着外国人和资本家，希望有为工人说话又能看懂的报纸。

了解到这个状况后，瞿秋白力求《热血日报》通俗易懂，让工人看得懂，喜欢看。他在编辑修改文稿时，十分注意文字的通俗化，尽可能地使用方言、口语，文章篇幅力求简短，可见良苦用心。此外，《热血日报》还组织了群众通讯员，尽量多刊登工人、学生、店员、海员的来稿、来信和大众喜闻乐见的民间小调，如五更调、十二月花名、泗州调、京调、无锡景调等写就的通俗歌谣，因为这些民间小调通俗易懂，容易在群众中流布和传唱。

　　这些民间小调，有的是群众的创作，如第一次编发的《罢市五更调》："一更一点月初升，唱只大新闻，呀呀得而唵，洋人凶得很，枪杀我们中国人，人人恨，同胞起来，救国最要紧，呀呀得而唵，大家睡睡醒。/二更二点月上升，学生真热心，呀呀得而唵。演讲街浪行，为仔矮奴杀工人，起祸根，连路演讲，碰着外国人，呀呀得而唵，开枪杀学生……"瞿秋白特地加了按语：我们很想收集这种平民作品。因为只有在这作品里，我们才能够看见国际帝国主义压迫下的思想和情绪。我们得到了这一首，先发表出来。

　　从个性上来说，瞿秋白是一位浪漫的革命诗人，但他很早就指出新文学家要有无产阶级和劳动群众的感情，要成为他们的喉舌。他认为"挣扎在汗血里的人"的"呼号之声"，才是无产阶级革命的诗歌，要求作品的语言大众化、口语化。为此，他在主编《热血日报》时，也动笔编写了不少民间小调的唱词，如刊于6月13日的孟姜女调《救国十二花名》。孟姜女调是上海及江南一带十分流行的曲调，抒写了五卅前后的时事、"五卅运动"中工人群众的斗争史实，呼吁工人群众团结奋斗。"……五月里来是端阳，南京路上来演讲；巡捕对准把枪放，许多同胞把命丧。/六月里来热难当，学生工人关捕房，五月三十捉进去，六

月初一罢市场……十月里来小阳春，全国同胞要齐心；目前有句
要紧话：第一团结要结得紧。/十一月里雪花飘，如今中国不得
了，洋人跑进似虎狼，里面军阀一团糟。/十二月里过年忙，再
勿革命苦难当；全国国民齐心起，大家来做革命党。"

　　在 6 月 18 日的《热血日报》上，他又发表了《大流血》（泗
洲调）："枪弹一出洞穿腰，五月三十血滔滔，死的人实在不少。
哎唷哎唷。死的人，实在不少。/此事说起真悲伤，让我细细说
端详，劝同胞记在心上。哎唷哎唷。劝同胞，记在心上。/倭奴
枪杀顾正红，学生爱国怒气冲，南京路结队成群。哎唷哎唷。南
京路结队成群。/南京路处来演讲，听了泪流满胸膛，英国人看
见心慌。哎唷哎唷。英国人看见心慌。/帝国主义真凶横，不许
中国民气强，巡捕房就此开枪。哎唷哎唷。巡捕房就此开枪。/
枪弹虎虎像箭飞，二十多人齐倒地……"这些民间小调写得生动
形象，使人们读了如同身临其境，激起人们的义愤，也增强了反
帝爱国的信念。

　　《热血日报》以其诙谐的语言风格、犀利的客观批判，通俗易
懂的民间小调，深受读者的欢迎与喜爱。再加上瞿秋白等人苦心
经营，《热血日报》办得生气勃勃，称得起旗帜鲜明，编排新颖，
内容充实，文字生动。

　　《热血日报》是在反帝运动期间诞生的，作为一个急先锋式
的宣传日报，它及时报道全国各地人民反帝斗争以及世界各国人
民在政治上、道义上、物质上支援中国人民反帝斗争的消息，更
加激发了中国人民坚持斗争的热情，爱国反帝怒潮迅速席卷全国
600 多座城镇，群众的"热血"已经沸腾起来，罢工一层层地扩
大。可以说，它基本完成了冲锋陷阵的历史使命，其意义不可
磨灭。

从销量来看，出版至第十期，短短两周不到的时间，《热血日报》发行量就已突破3万份，这是上海早期报史上的一次巨大成功。而投稿来信或亲到报社接洽者，每天多达一百来人。远至江西、山东的读者，纷纷投书寄稿。甚至很多人冒着被捕的风险推销该报，向报社捐款。

作为中国共产党创办的第一张日报，《热血日报》是真正属于工人阶级和人民大众，属于反帝反封建的革命者、战斗者的。从时间上来说，它第一次在舆论阵地上迎战三座大山中的其中两座——帝国主义和官僚资本主义，这是一场遭遇战，也是一场狙击战，它积极宣传中共的政策主张，推动运动的深入发展，成为了五卅运动期间反帝爱国的一面旗帜。这种反帝爱国宣传在相当程度上撼动了军阀政府，6月23日，《热血日报》被禁售，坚持了几天，于27日被查封。

那天早晨7点，梅白格路186号明星印刷所，突然被大批巡警包围，巡警查获印刷所承印的大量《热血日报》《劳动青年》《陈独秀演讲》等小册子，查封了印刷所，逮捕了承印该报的印刷所老板，又公开通缉瞿秋白，致使《热血日报》于6月27日被迫停刊。郑超麟回忆称："二十几日后被巡捕房发现，老板吃了二日官司，工厂被封，罚款了结。这些损失由我们赔偿。我们自己的印刷厂勉强印了一期，以后《热血》就停刊了。"

瞿秋白以江流不转之精神，屹然独立之气魄，冲荡反动潮流，抵拒军阀势力，誓要在淋漓的鲜血中勇敢开辟"一条光明的路"，他也被认为是中国无产阶级新闻事业的奠基人之一。

五卅运动过去2个月、孙中山逝世4个月后，国民党右派戴季陶的反共面目逐渐公开，他以当年5月发表的《民生哲学系统表》为基础，先后写成《孙文主义之哲学的基础》《国民革命与中国国民党》两本小册子，打着孙中山的旗号，歪曲孙中山的革命思想，鼓吹"纯正三民主义"，以实行国民党的一党专政，用儒家"仁爱"学说解释孙中山的思想，反对马克思主义的阶级斗争学说，从而限制和削弱日益活跃的共产党。这立即引起国民党新老右派的强烈共鸣，反共逆流就此掀起，戴季陶成了国民党内"反共最早，决心最大，办法最彻底"的反共理论家。因此，批判戴季陶主义，已到了刻不容缓的地步。

中共中央立即组织力量对戴季陶迎头痛击，瞿秋白为此写作了近万字的长文《中国国民革命与戴季陶主义》。对于戴季陶反动理论的实质，瞿秋白概括指出：戴季陶主义的运动，"不仅是在思想上摧残工人的阶级斗争，实在还是削弱国民革命主力军的工人阶级，因此亦就是削弱中国的国民革命运动"。并告诫中国革命者："中国国民革命运动能发展，只有两条路：一、注重工农阶级的阶级斗争，以无产阶级引导一切革命阶级前进；二、侧重资产阶级的利益，讲'中庸''调和''统一'而反对阶级斗争，其结果是为买办阶级的力量所利用，完全到右派及帝国主义一方面去。对于戴季陶，知识阶级，小资产阶级，甚至于真正之民族的资产阶级，都只有一个出路，就是在这两条路中挑选一条：或者革命，或者反动。"

陈独秀、毛泽东、肖楚女、恽代英等都参加了对戴季陶主义的批判，广泛宣传马克思主义关于阶级斗争的学说，这场斗争取得了胜利，国民党人纷纷与戴季陶划清界限，北京、广州、汉口等地群众焚毁戴季陶的两本小册子达几万册。

在这样一个波谲云诡、错综复杂的时代里，背叛与战斗，分化与新生，都在情理之中，《新青年》此前已于4月22日在上海悄悄地复刊了。它沿用《新青年》这个金字招牌，有传承，但没有简单的沿袭。陈独秀时期的《新青年》一般都称几卷几号，从1915年9月15日1卷1号，一直出版到1922年7月1日9卷6号后停刊；瞿秋白主编的《新青年》季刊则于1923年6月15日第1期算起，到1924年12月20日出到第4期后停刊。1925年4月22日，《新青年》再次面世，称为第1号，出到1926年7月25日第5号后停刊。

瞿秋白在批驳戴季陶主义的过程中，对阶级斗争乃至于阶级分化有了更独到的认识，于1926年1月，写下《国民革命运动中之阶级分化》一文，在当年3月25日出版的《新青年》月刊第3号上发表，他指出中国革命急剧深入发展之时，阶级分化是不可免的，形形色色的反革命派别及其理论上的代表人物便是阶级分化的产物。他们所说的"共产主义不适宜于中国"，目的就是反对共产党的政策，反对国民革命，企图从理论上来寻找消灭共产党，实行资产阶级专政的借口。瞿秋白坚定乐观地指出："国民党右派和国家主义派的兴起……正足以证明中国革命进展急速"，阶级的分化，会更加"巩固无产阶级的政治领导……巩固一般平民阶级的革命联合战线"。他满怀信心地宣告："人类历史的演进，最终的目的地，必然是共产主义。"

不久后，瞿秋白因病情加重，不得不入院疗养。休养三个星期后，他又开始伏案写作了。其实，他在早期的一篇文章中就作过自勉称："我生来就是一浪漫派，时时想超越范围，突进猛出"，然而又"自幼倾向于现实派的内力，亦坚固得很，'总应当'脚踏实地，好好的去实练明察，必须看着现实的生活，做一件事是一件"。

他请杨之华淘来一批马克思列宁主义的著作，计划写一部俄国革命运动史略，以期帮助中国共产党研究和解决当前革命中的问题。计划包括四个部分：俄国资产阶级革命与农民问题；俄国无产阶级斗争与共产党；自二月革命至十月革命；苏维埃及社会主义建设。两三个星期里，瞿秋白完成了第一部分，写出几万字的《俄国资产阶级革命与农民问题》，出院以后补充完整，后来于 1927 年 6 月在武汉出版。

考虑到五卅期间，工人运动虽则达到了一个高潮，但由于力量悬殊，未能持续地爆发力量。眼下，战场已转向另一阵地，中共如何正确地领导农民运动和解决土地问题，已成为当务之急。在自序中，瞿秋白写道："历史上断定了：俄国的资产阶级，不但不能解决农民问题——推翻封建势力，并且不能完成自己阶级的民权革命。资产阶级革命的完成与农民问题的解决，始终是俄国无产阶级所领导的。这的确对于中国现时的革命，有很重要的教训。我希望读者不要把这本书单作历史读。"

无独有偶，另一位颇具慧眼的中国共产党员也将目光投向农民问题。1926 年 9 月，毛泽东发表《国民革命与农民运动》一文，指出："农民问题乃国民革命的中心问题。"当然，在探索农民问题上，毛泽东与瞿秋白有着很大不同，瞿秋白对农民问题的思考与探讨，基本是从理论和他国经验出发而进行的研究，而毛泽东本身就是农民运动领袖，他是农民运动的发起人和组织者，他的理论来源于斗争实践，他的根基是深深地扎在几千年的深厚土壤上，深深地扎在农村和农民之中的，因此，他看待农民问题更深刻，也更高屋建瓴。此后不久，湖南、湖北等地爆发农村大革命，农民革命所到之处，几千年封建地主阶级的特权被打得落花流水，农会成了农村唯一的权力机关。

在蓬勃兴起的农民运动面前，国民党右派、地主资产阶级分子及逃亡到城市的土豪劣绅，大叫大嚷农民运动"糟得很"，疯狂要求对农民反攻倒算。在党内，陈独秀等人也指责农运"过火"。

瞿秋白在家中听取宣传部干事羊牧之汇报这一情况时，从书桌边摆着的一堆书刊中，找出一本《农民运动》，翻到毛泽东所著《国民革命与农民运动》一文，递给羊牧之说："你看这篇文章。"待羊看完后，他接着说："要依据毛泽东的意见来增添你们的宣传内容。"

12月，中共中央在汉口召开特别会议，在陈独秀支配下，规定农民土地问题的解决目前只能宣传，不能实行。会后，陈独秀、彭述之等人甚至强制一些地方党组织搞"洗会运动"，把充当农运先锋的贫农骨干当作"痞子"从农会中"清洗"出去，关进监狱。

在这种情势下，毛泽东由汉口回到长沙后，于1927年1月4日至2月5日，到湘潭、湘乡、衡山、醴陵、长沙五县实地考察农运，历时32天，行程1400多里，获得大量准确反映农村大革命的第一手材料，写出《湖南农民运动考察报告》一文，从3月5日至4月3日，在中共湖南省委机关刊物《战士》周报第35、36期合刊，第38期，第39期上陆续全文发表。

当时，瞿秋白看到《湖南农民运动考察报告》时激动地说："目前党内，特别在中央，有些同志不敢支持已经开始，或正在开始的农民革命斗争，反而横加指责，今天一个过火，明天一个越轨，这不行。毛泽东同志这篇文章，是亲身下去做了几十天实地调查，很有说服力的文章，文章里痛斥党内外一切怀疑、否定农民斗争的论点不是没有根据的。"还说："我赞成毛泽东这篇文章的全部观点。"

3月12日，时任宣传部部长的瞿秋白决定，在中共中央机关刊物《向导》第191期刊载了报告中的一部分。瞿秋白此前一直参与编辑《向导》周报，1927 年后担任主编。《向导》周报自 1922 年 9 月 13 日创刊以来，历经五年风雨，经历了第一次国共合作的建立和破裂，也跨越了大革命的兴起和失败的整个过程，是大革命时期国内最有影响的刊物之一。早在 1923 年 12 月，在北京大学成立 25 周年纪念日举办的民意测验中，《向导》周报就获得各界读者爱读票 220 票，名列全国周刊第一名，可以说备受青年学生青睐的《向导》，是中共早期出版业的中流砥柱，发行量最高时超过了 10 万份。

由于《向导》只刊载了《湖南农民运动考察报告》的一部分，瞿秋白毅然决定立即为这个报告出版单行本，并于 4 月 11 日连夜撰写了一篇热情洋溢的序言，赞扬湖南农民革命运动"创造平民的民权政治"，"真正为民族利益而奋斗而彻底反对帝国主义"。最后大声疾呼："中国革命家都要代表三万万九千万农民说话做事，到战线去奋斗，毛泽东不过开始罢了。""中国的革命者个个都应当读一读毛泽东这本书。"序言写好后不久，由长江书店出版了这本题为《湖南农民革命》的单行本，在党内发行。

"四一二"反革命政变发生后，杨之华奉党中央急电调遣，从上海来到武汉。瞿秋白同她一见面，从抽屉里拿出《湖南农民革命》，高兴地对她说："这是一篇好文章，你必须读。"接着，他又愤愤不平地说："你看，这样的好材料，却不准宣传，真岂有此理！"最后，他深情地说："你好好研究这几本小册子，这是我在武汉与你见面的礼物。"

毛泽民、钱希均与上海书店

　　1923 年 11 月 1 日，沪南小北门民国路振业里 11 号（上海解放后为人民路 1025 号，现已辟成绿地），沿马路一处老式房屋，单开间门面，一楼一底加弄堂的过街楼，门口挂上了一块蓝底白字招牌。

　　当时的上海，一市三治。自 1913 年老上海县城城墙拆除后，北半圈围筑成长达五里的马路，取名为民国路，靠北一边是法租界，靠南一边是华界，交通还算便利。这家店楼下店堂两侧，是按房间高度定制的木质玻璃书橱，醒目处摆放着新文化书社、民智书局、亚东图书馆、商务印书馆的出版物，店堂靠墙两边中间有一个橱柜放置笔墨纸等文具。店内有三四个店员，既应付日常工作，并兼保卫。

　　这就是中国共产党新建立的上海书店，楼上过街楼作为宿舍和党内活动的秘密场所。

　　这年 6 月间，中共三大在广州召开，确定了联合一切可能联合的力量，共同完成反帝反封建民主革命任务的方针。为了进一步宣传马列主义和党的政策、任务，中共中央决定继《向导》周报、《新青年》季刊之后，再出版《前锋》月刊，并在上海成立一家公开出版发行机构，上海书店应运而生。

　　最初负责上海书店的徐白民曾回忆道："在这以前，党在上海本来有一个公开的发行机构，那就是新青年社，社址在法租界大自鸣钟对面。该社自被法捕房封闭后，迁到广州，在广州展开活动终究不及上海方便。但迁回来就不能再用原来的名称，也不能设在租界里。因此，党决定另起炉灶，在华界找一个适当的地方开一家书店。"

此时，瞿秋白负责宣传工作，他认为在错综复杂的形势下，鱼龙混杂的大上海，不宜由党的领导同志具体操办书店的创建和管理。经中央候补执委徐梅坤提议，特地将绍兴县立女子师范学校任教的徐白民调来上海，主持书店筹办及经营工作。

徐白民，1915年考入浙江省立第一师范，在五四运动中，成为杭州学生运动领袖之一。1920年春，杭州发生"一师风潮"，徐白民被推选为请愿代表，成为请愿运动中的风云人物。"一师风潮"取得胜利后，他作为浙江学生代表赴上海出席了全国学生代表会议。1923年1月，加入中国共产党。5月，受中共上海地方兼区执行委员会委员长徐梅坤派遣，以绍兴县立女子师范教师为掩护，开展工作。

徐白民到上海后，瞿秋白与他谈话，指出书店应设在交通方便的地方，规模以简朴为宜，便于隐蔽，不易引起敌人注意。

徐白民经多方寻找，租下民国路振业里11号一套街面店房，此街面店房就在两区交界之处，三教九流混杂，是治理的缝隙地带，最适合开展秘密工作。

徐白民后来曾回忆说："大约经过一个多月，在小北门找到了一座店房，一楼一底，还有一间过街楼，倒也适用，交通也算便利。店址确定后，就办租赁手续，一切顺利解决，于是中央取了一个店名，叫做'上海书店'。"

开创之初，上海书店在《民国日报》登载广告，阐明宗旨："我们要想在中国文化运动上尽一部分的责任，所以开设这个小小的书铺子。我们不愿吹牛，我们也不敢自薄，我们只有竭我们的力，设法搜求全国出版界关于这个运动的各种出版物，以最廉价格献于读者之前，这是我们所愿负而能负的责任。"

此时，上海书店出版发行有《向导》周刊、《新青年》季刊、《前锋》月刊，以及共青团中央的《中国青年》周刊。由于广州"新青年社"结束业务，所余十多种存书如《共产党宣言》《资本论入门》《列宁传》《京汉路工人流血记》等书籍移交上海书店出售。为避免过于引人瞩目，这些进步书刊都放在不起眼的地方。

书店创办初期，生意非常清淡，一天只有四五元营业额，很少超过十元，处在勉强维持期。经过半年多的开拓发展，1924年下半年，上海书店连续出版了《社会科学讲义》《社会科学概论》《国外游记汇刊》《新社会观》《平民千字课》《革命歌声》《恋爱与道德》等30余种新书，还出版"中国青年社丛书"6种、"向导丛书"4种，随着这些进步书籍在知识分子和青年学生中秘密传阅，上海书店经营状况有了起色，逐渐盈利。

就在上海书店开业前几个月，后来将上海书店极为扩张的毛泽东大弟毛泽民，在安源路矿工人俱乐部创办了合作社。随后，毛泽民担任总经理的工人消费合作社开业，这是中国共产党领导下的第一个股份制经济实体，被工人朋友称为"最受群众拥护的事业"。在这里，发行了一只印有总经理毛泽民名字的股票，这是中国共产党历史上发行最早的股票——安源路矿工人消费合作社股票，毛泽民的经济和金融管理才干就此显露，使得安源煤矿工人的革命活动炽热地燃烧起来。

毛泽民，字润莲，比大哥毛泽东小3岁。在毛家三兄弟中，无论相貌、脾气秉性他都像极了父亲毛顺生。他8岁上私塾，10岁辍学跟着父亲在家种田，12岁开始又读了两年书，到14岁就变成了一名地地道道的"种田佬"。因为这时候毛泽东考到长沙读书，小弟毛泽覃也跟着去了长沙，一个农民家庭有两个孩子在省城里读书，负担不轻，毛泽民只能留下来和父亲一起种田、做生意、卖稻谷，供哥哥和弟弟读书生活。毛泽民干起农活样样都在行，俨然是个经验丰富的"老农民"。

1921年2月上旬，毛泽东和毛泽覃从长沙回到韶山过春节。一天晚上，毛泽东同毛泽民、毛泽覃、继妹毛泽建、弟媳王淑兰等，谈论家庭及国难当头民生多艰等情形。毛泽东劝毛泽民把家里的事安排好，走向社会，参加革命，要舍家为国，舍己为民。他说：房子可以让给人家住，田地可以给人家种，我们欠人家的钱一次还清，人家欠我们的一笔勾销。

几天后，毛泽民跟随毛泽东一起离开韶山，到了长沙，先在大哥毛泽东担任主事的湖南省立第一师范附小搞校务，负责全校师生的伙食，同时在该校工人补习学校学习。毛泽民深知师生经济拮据，为搞好生活，他跑到几十里外的乡下，采购蔬菜、肉食，又领着师生种茶养猪，生产自给。当时，学校规定，学生要一次交清每学期的膳、杂费，使穷苦学生很为难。毛泽民去后，改变了这种规定，可以分期缴纳膳食费，深得师生欢迎。

后来，毛泽民到毛泽东创办的湖南自修大学，一边搞庶务工作，一边学习马克思主义，并担任了长沙笔业工会秘书，带领工会代表前往省议会和长沙县署请愿、罢工，要求增加工资改善待遇，前后坚持四十天，终于取得成功。

1922年底，毛泽民入党，到江西安源路矿从事工人运动，深入矿井、工棚，了解工人疾苦，宣传革命道理和思想。在担任工人消费合作社负责人时，他一心想着方便工人生活，减轻中间剥削，把合作社搞得蒸蒸日上。

1924年5月，中共中央决定在上海设立中央出版部，主管出版发行。1925年1月，中共四大召开之后，改称中央出版发行部，对外的公开名义就是上海书店。

为了扩大上海书店的经营局面，1925 年底，正在广州农民运动讲习所参加学习的毛泽民，受党委托，到了上海，担任党中央出版发行部经理，直接领导上海书店。

此时，革命形势高涨，南方各省对上海书店出版物的需要日益迫切。但对于毛泽民来说，出版发行的工作是十分陌生的领域，是他以前从未经历过的，但商业有其规律，毛泽民就从商业规律着手，广交业内朋友，从中发现商机。

根据地下斗争需要，毛泽民化名杨杰，以印刷公司老板身份为掩护，时而长衫马褂，时而西装革履，出入于上海的一些报馆、书店、发行所和印刷所联系业务。

1926 年，夏日的一天，新闸路培德里，中央出版发行部机关所在地。

一个留着齐耳短发的姑娘，一脸汗水，来到这里，轻轻地叩击着锃亮的门环，房门打开了，简短的通报后，这位年轻的圆脸姑娘走进里屋。

来人叫钱希均，是上海杨浦怡和纱厂工会骨干，曾参加平民女校的学习。

毛泽民身着纺绸短衫、打着算盘，正在桌上伏案工作。钱希均见他身材魁梧，天庭饱满，初看富有农民气质，细看却有生意人的风度。

毛泽民微笑着，站起身来，略一打量，说道："如果我没猜错的话，你一定是钱希均同志吧。"

钱希均没有说话，只是点了点头，把介绍信递过去。不知为何她有点手足无措，于是抽出手帕，时而擦拭着汗水，时而用手帕扇起风来。

由于毛泽民在上海单身一人，很容易引起敌人的注意，党组织决定派钱希均配合他的工作，做他的助手，同时，假扮夫妻关系掩护机关。所以，她有些紧张。

毛泽民热情地给钱希均搬来凳子，让她坐下，又递过一把蒲扇，钱希均接过蒲扇，轻轻摇起来，心情这才慢慢平静。

平民女校停办后，钱希均辗转在诸暨女中、上海松江女中、绍兴女子师范等学校继续学习，1924年加入中国共产主义青年团，第二年入党。她一边出任怡和纱厂工会秘书兼夜校教员，一边在上海大学读夜校，组织发动工人、市民、学生罢工、罢市、罢课，参加和领导五卅惨案周年纪念活动，为声援国民革命军北伐和上海第三次武装起义做了积极努力。

毛泽民问了钱希均一些情况，语重心长地介绍了出版发行部的情况："我们这个机关是党的宣传部门的咽喉。你的工作，除了搞报纸和书刊的发行外，还要担任地下交通，要经常去中央机关及一些领导同志的家。要记住，做这一工作，安全、保密是一条重要纪律，你要尽量减少社会关系，少与外界来往，要保证党中央和我们这个机关的绝对安全。"

钱希均没有说话，边听边点着头。

钱希均后来回忆，毛泽民"眼角已有几道不明显的鱼尾纹，一双大眼睛泛着光，充满了朝气。他宽宽的前额，嘴唇稍厚，举止庄重，显得朴实老成。他的相貌很平常，又有点特别，第一次见面就给我留下了深刻的印象"。

他们握手告别的时候，钱希均"已知老板、经理是他对外的身份。……是我们党中央发行部的经理。从这次接头之后，我就长期在他的领导之下工作，由于共同的斗争生活，我们不仅建立了深厚的同志情谊，而且于年底结成了革命伴侣"。

他们志同道合，在共同的学习和工作中互相关心体贴，走到了一起。据钱希均回忆，那时中央出版发行部的印刷厂设于大通路（今大田路）斯文里，山海关路有一个作坊作为分发秘密文件的基地。

　　1926年7月至1927年4月，这对革命伉俪一直寓居大通里；1926年11月，时任中共中央农委书记的毛泽东来沪主持制定《目前农运计划》时，也住在这里。

　　他们时常谈些家里的情况，毛泽民告诉钱希均，说自己的母亲很好，他们几兄弟都很喜欢她。父亲却不一样，很会算计，也很严厉，他都是一个人用餐，饮食自然比他们母子要好些，父亲的严厉倒有好处，使毛泽民很快学会了田间农活，还能写写算算。在钱希均眼里，毛泽民是很会写算的，"我认识他的时候就见他算账时左、右同时用两个算盘，右手的食指和中指，还夹着一支蝇头小楷毛笔，随时记账"。

　　谈到大哥毛泽东时，毛泽民对钱希均说道："大哥从小就很聪明，办法很多。不仅文章做得好，而且很会讲故事，有时上山打柴和月下乘凉，就给我们讲一些穷人造反，古代人打仗和一些鬼神的故事。父亲很严厉，但大哥敢和他说理，甚至争吵。父亲要他读一些有用的书，好帮助操持家务，以及在受别人欺负时好打官司。但大哥却不以为然，专看一些造反、打仗的书。后来，大哥在外求学，回家很少。可每次回来总要给我们讲些外面的新鲜事，讲些大事。关于十月革命成功和五四运动的情况，都是大哥告诉我们的。"

　　作为中央出版发行部经理，毛泽民不仅要负责上海地区的印刷、发行，还要管党在全国的出版发行工作，可以说行政、党务、后勤、财务一身兼任。钱希均曾回忆说："他为党的宣传品文件、书刊的印刷和发行，印刷厂的建立和发展，四处奔波，逐步制定和完善了发行部和印刷厂的规章制度，就连钱、财物收支账本的建立等等事情，也都凝结了他的心血。"

钱希均回忆，出版发行部最初才十来个人，不仅要承担出版发行工作，还要加印和组织调运大量进步书籍。其时，国民革命军正誓师北伐，在共产党人英勇善战的模范作用下，北伐军连克数城，大革命风暴席卷全国，华夏大地燃起一团革命大火，中央出版发行部的任务相当繁重。

毛泽民接手中央出版发行部时，发行《向导》《新青年》季刊、《前锋》及《中国青年》等三四份刊物，中央每月拨给广告费 60 元，其余一概自理。而单单《向导》每月在《申报》《新闻报》《民国日报》三报上登广告所需费用就达 72 元。这样，发行部的一切经费，基本靠本身的收入开支。

随着大革命运动氛围不断高涨，向书店订购书报的读者越来越多。另外，出版发行部还要印大批书报、传单，以备北伐军打下上海时派发，为印刷发行这些东西，需要大笔经费。毛泽民向时任党的总书记陈独秀请示，请他帮助先借一些钱以满足扩大印刷发行的需要。陈独秀回答，没有钱可借，自己去想办法。好在毛泽民在上海创业已有名声，人们都知道有个杨老板，讲究信誉，他向同乡、熟人、亲戚、朋友借，向进步书店预支，总算完成了党的任务。

毛泽民经常会与来买书的读者进行交谈，他发现，由于书店设在南市，对沪西、沪东等处的学生、工人读者来说，来往购书不便，于是毛泽民亲自找地方，在沪西、沪东开设了分销处，书店营收不断增长。

这给了毛泽民极大启发，他把眼光放到了全国甚至海外，经过一系列策划，上海书店陆续在长沙、湘潭、广州、潮州、太原、安庆、青岛、重庆、宁波、海参崴、香港及巴黎设立了分店及代办处。

此后，上海书店除出版"中国青年社丛书""向导丛书"外，还刊行其他书籍，如施存统《世界劳工运动史》、一峰和辟世编《马克思主义浅说》、萧楚女《显微镜下之醒狮派》、恽代英编《反帝国主义运动》、杨明斋《评中西文化观》、中国青年社编《唯物史观》《共产主义 A.B.C》及《共产主义的 ABC 问题及附注》等。

毛泽民到任一年，《向导》很快在全国销到八万份，《共产主义 A.B.C》一书，半年之内销数达三万余本。出版发行的书报供不应求，形成书尚未印，就收到一千八百多元预订费的好局面……经中共中央出版发行部作内部结算，上海书店一年盈余达一万五千余元。这表明中共早期出版业达到了一个高潮。

随着中央机关刊物和各种革命书籍的发行逐渐扩大，上海书店原有印刷能力已无法满足需要，毛泽民请示上级，很快又在上海新闸路培德里建起一个印刷所。为了给印刷所物色一些具有革命觉悟、严守组织纪律的印刷工人，毛泽民给家乡韶山党组织写信，同时派人前往，要求选派几位中共党员和共青团员充实力量，韶山党组织根据需要派来了毛特夫、毛远耀、谭熙春等人，进入秘密印刷所工作。

上海书店的影响日益扩大，当局甚感惊慌。1926 年，大革命前夕，孙传芳军队进驻上海，2 月 4 日，上海书店被孙传芳部以"印刷过激书刊，词句不正，煽动工团，妨害治安"的罪名进行查封，书店的账房田家声被拘捕。

2 月 17 日，本由上海书店出版发行的《中国青年》刊文控诉此一丑恶行径："军阀以武力摧残我们，适足反映出中国革命运动之进展。然而革命的势力是摧残不了的：从此本刊将益自策励，领导青年作革命的斗争，我们被军阀的摧残，或者增加了读者对我们的信心。我们希望读者与我们的努力，能战胜一切压迫与黑暗。"

上海书店运行了将近三年时间，但迅猛发展，影响极大，对于马克思主义的传播起了积极作用，在中国共产党早期出版史上具有重要的地位。1959 年 5 月 26 日，上海书店旧址被上海市人民政府公布为上海市文物保护单位，2001 年，旧址在建造环城绿地时被拆除，2002 年 4 月被上海市人民政府公布为上海市纪念地点，在公园内建立石碑，以志纪念。

毛泽民和钱希均夫妇当时住在大通里，每月只有组织发放 15 元生活费，没有其他收入。这些钱包括吃饭、穿衣和一些日用开支。为了掩护身份，仅穿戴一项开销就很大，能用在吃上的钱就更少了。

毛泽民每月还要攒下一些钱，寄给在长沙乡下的大嫂杨开慧和三个侄子，有时还要寄钱给舅父母，他自己在生活上却格外节省，中午一般不回家。在印刷厂工作时，他就买两个烧饼，就着开水吞咽。若在外边，就买最便宜的阳春面充饥。街上到处都是"包打听"，吃阳春面与他老板的身份很不相称，每当这时他就有意拍着肚皮，用生硬的上海话说道："阿拉屋里厢油水老大，在外面吃碗阳春面，清清肠胃，倒也满惬意的。"

钱希均一方面搞出版、发行，另一方面同时担任秘密交通工作，除了跑印刷厂，有时也到陈独秀、李立三、瞿秋白、周恩来等中共领导的住地取稿件或送清样，每篇稿件取来后，都得经过初校、复校及清样三次校对，而每次的清样稿，都得送给中央的主管负责人及撰稿人亲自审阅定稿后才能付印，要求非常严格，有时每天要往返好多次。由于党的各个机关住地很分散，相互间也比较远，经常要经过租界，遭到巡捕"抄靶子"——即突击搜查行人，遇到紧急情况，要作出机智、灵活、果断的处置。

为了保护党的秘密机关的安全，为了保护党的重要文件的安全，钱希均经常多走很多路，巧妙地与敌人周旋。革命工作的锻炼和考验，使这位平民女校出身的共产党员日渐成熟起来。

她看到毛泽民日夜忙碌，身体日渐消瘦，很是心疼。她每天回家早，总是做些可口的饭菜，等着毛泽民回来。毛泽民爱吃辣，有了辣椒，胃口顿开。但他有胃病，医生不让他吃刺激性食物，钱希均就尽量买些他喜欢吃的蔬菜。

上海书店被查封后，毛泽民着手应对，立即将书店搬入租界，在宝山路开设宝山书店，继续发行工作，使各项业务不处于停顿。

1927年3月，在上海老西门共和影戏园旁，上海长江书店设立，作为《向导》《新青年》《中国青年》三种刊物的总发行所，并在《民国日报》《时事新报》等报刊上连续多天登载开幕启事和广告。4月12日，蒋介石发动反革命政变，上海长江书店关门；负责印刷装订的老板叛变，在毛泽民单独前去洽谈业务时，将他反锁屋内后外出通风报信，好在毛泽民跳窗而出。后毛泽民短暂离开上海，前往武汉，在汉口创办长江书店，作为上海书店之后继者。

11月间，他又重返白色恐怖下的申城，仍从事党的秘密出版发行工作，1928年，中共六大召开之后，毛泽民担任中央出版发行部的部长，在新闸路西新康里设大明印务局，在虞洽卿路（今西藏中路）瑞和里设瑞和印刷所。

1928 年夏天，上海爱而近路（今安庆路）春晖里，有机器声伴随着蝉鸣在发出轰鸣。

这里是毛泽民所创建的协盛印刷所，是当时党组织最大的印刷机构——主要负责印刷中共中央理论性机关刊物《布尔塞维克》、党内刊物《中央通讯》以及全国政治机关报《红旗》；为了迷惑敌人，这些刊物曾以《中国文化史》《中国古史考》《平民》，甚至国民党机关刊物《中央半月刊》，伪装封面。

这时，上海处在白色恐怖之下，特务、便衣、巡捕房"包打听"四处活动。从出版发行部机关到春晖里协盛印刷所，没有交通工具，也不好坐公共汽车，只得步行，每次约半小时，毛泽民时常步行到此工作，从排版、校对、铅印，到购买纸张等等，他都关注，有时也亲自动手。

在一切秘密机关之中，印刷厂最难于隐蔽。只要机器一动，总会发出声响。如果碰上敌人搜查，印刷品也很容易被发现。

1928 年四五月间的一天上午，巡捕房的"包打听"突然闯进协盛印刷所，发现正在印刷中的党的宣传品。他们立即下令，严密封锁弄堂口，行人进出都要经受盘查，同时在厂里进行大搜查。

在二楼，他们看见有人穿着咖啡色的哔叽长袍和一件青色马褂，不大像工人的样子，就把他当负责人抓了起来。接着搜查到三楼，才发现这里是办公室，毛泽民穿着西装，很有气派，包打听们认为这才是真正的负责人，又把毛泽民抓了起来。

毛泽民当时正在楼上拿钱买纸，本来他可以跳窗而走，但他没有这么做。而是对包打听们说道："我是老板，一人做事一人当，有什么问题跟我谈，把工人们都放了。"

一个显然是带头者对毛泽民说道："你印共产党的宣传品，

是共党分子……"

毛泽民泰然自若，回答道："我是商人，不懂共产党，大上海，居不易啊，我给人家印传单就是为了赚钱。我得养活工人。人家给大价钱，又是现金交易，我就干了。不信你们可以打听一下商界、出版界，我杨某是个知名的人。"他咬定自己只是个"见钱眼开"的普通老板。

后来，毛泽民还是被带到一间旅店的房间里，反复进行盘问，结果什么也没有问出来。

包打听头子看到毛泽民确实像是一个精于算计的生意人的模样，于是动起了心思："我不管你有什么理由，你们印刷赤色刊物，就是违法行为，谅你们做生意也难，印刷所就不查封了，交十万元罚金吧！"

毛泽民一听，有戏，他马上说道："我身上几百块用来买纸的钱都被你们拿去了，你们还要那么多钱，我怎么拿得出呢？你们要钱，得放我出去，好向亲戚朋友借。再说，厂里的工人们要吃饭，也需要我回去。实在凑不齐，我卖工厂也得给你们，我杨某是讲信用的，说话算话。"

跑得了和尚跑不了庙，这些人心里想着，印刷所就在这里，于是将毛泽民释放了。

毛泽民出来后，立即向党中央汇报。中央认为毛泽民和印刷厂都必须转移。为了蒙蔽敌人，毛泽民便在《新闻报》上登出广告要拍卖机器，同时在印刷厂门口也张贴拍卖工厂的广告。巡捕房的包打听信以为真，认为毛泽民在筹集资金，所以放松了监视。

毛泽民就假装卖掉机器的样子，秘密地把机器转移出去。

几天后，几个包打听跑到印刷厂去索取赎金。不但找不到

"杨老板"，而且连机器也无影无踪，方知上了大当。

1929年春，毛泽民受中央指示，到天津创办党的印刷厂，上海的这批机器设备也运到了天津，很快就在英租界广东道福安里4号办起了"华新印刷厂"。

华新印刷厂前门临街、后门有胡同，四通八达，出入方便。为了秘密工作的需要，毛泽民汲取了上海的经验教训，院内外设计得更为巧妙秘密。印刷厂的一边开了间布店，用布裹住纸，掩护印刷需要的纸张；一边搞了个家具维修门市，专门关注外来人员。大门口挂"华新印刷公司"的铜招牌，公开营业，名义上承印《马太福音》一类书籍和各种表格，请柬、喜帖、讣闻、发票等业务以作掩护；一楼右边厢房是接洽外来业务的柜房，办公桌下设有暗铃，以便在有可疑情况时，按下暗铃，保护印刷厂和自己人的安全。

这时候，毛泽民化名为周韵华，既是印刷厂经理，又兼管顺直省委财务，并负责党中央对全国的出版发行工作。党内需要印刷的文件送到小白楼先农里24号毛泽民住所，经毛泽民审查同意，再送印刷厂，打出清样。钱希均作为地下交通员，再分送顺直省委负责同志定稿。

华新印刷厂源源不断地将《向导》《中国青年》《红旗》《北方红旗》《共产主义A.B.C》等书刊和一些党的文件、通电、传单等印刷出来，秘密地在北方广泛发行。

1931年1月，毛泽民和钱希均再一次回到了上海。他们与瞿云白（瞿秋白之弟）、钱之光（钱希均胞兄）一起再次筹建党的秘密印刷厂。钱之光在《党中央在上海的秘密印刷厂》中回忆："这个厂在齐物浦路周家嘴路元兴里146号至147号。印刷厂有两楼两底的两幢房子，紧紧挨在一起，对外是两家，即一边是印刷厂，一边开了一个绸布庄。瞿云白负责印刷厂内部的工作。我负责印刷厂对外的工作，同时还管理绸布庄的事情。我那时化名徐之先，由毛泽民同志领导。"

参照华新印刷厂的保密设置，中央秘密印刷厂的柜台下面安装了一个电铃脚踏开关，电铃安在印刷间。只要外面发现可疑人员，营业员按约定的电铃记号，脚一踏开关，后楼及地下室马上就采取紧急措施，隐藏党的印刷品，并立即拿出表格、信纸、请柬等之类的东西……

他们还在楼上的墙壁根部，把踢脚搞成活的，平时装上它，再用衣柜挡住，看不出痕迹来。印刷用的纸张，伪装成绸缎布匹，运进布庄，再从二楼传送到印刷厂；印好的东西，伪装好后，也从这里运送出去……

繁星点点

时间划过 1927 年时，仿佛有恒星在爆发，烙出一个光耀的历史的转折点。这一年，有人实地考察湘潭、湘乡、衡山、醴陵、长沙农民活动，发表《湖南农民运动考察报告》，认识到了"乡村中一向苦战奋斗的主要力量"究竟来自何处，认识到了若发起这股力量来，"其势如暴风骤雨，迅猛异常，无论什么大的力量都将压抑不住"。

这一年，也有人认识不到这股力量，在上海弄出血雨腥风，刀光剑影。于是，更有人激烈抗争，在南昌轰然打响第一枪。

这一年，有人眼见荷塘月色，写道："这几天心里颇不宁静。"于是走上"一条幽僻的路；……没有月光的晚上，这路上阴森森的，有些怕人。今晚却很好，虽然月光也还是淡淡的。……路上只我一个人，背着手踱着。这一片天地好像是我的；我也像超出了平常的自己，到了另一个世界里。……这时候最热闹的，要数树上的蝉声与水里的蛙声；但热闹是它们的，我什么也没有"。于是他"到底惦着江南了"。

毕竟，到底有很多人惦着江南——这浪漫主义的江南、这激扬文字的江南、这革命的江南、这播火者的江南，以及这江南邻海的申城。

这一年，有人职务被撤销，秘密回到这里，满腔复杂的心绪凝于笔端，写了一首《献诗》：

是太平洋的急潮怒号，

是喜马拉雅山的山鬼狂啸；
美满的呀、美满的人间，
已经变成了苦网的囚牢！
我的灵魂飞上了九霄，
俯瞰人间的群众颠沛如涛；
宛如被射了双翼的群雁，
垂死的哀鸣；血泪滔滔。
那畜辈的良心早泯，
只知把民众作肉食血饮；
我们要恢复固有的幸福，
呀，但有我们自己的觉醒。

　　这一年，有人于秋收暮云愁的时节，发起霹雳一声暴动，终于建立起第一块农村革命根据地。也因此有星星之火燃起，它是站在海岸遥望海中已经看得见桅杆尖头了的一只航船，它是立于高山之巅远看东方已见光芒四射喷薄欲出的一轮朝日，它是躁动于母腹中的快要成熟了的一个婴儿。

　　这一年，有人到达上海，在日记里写道："三日晴。午后抵上海，寓共和旅馆。下午同广平往北新书局访李小峰、蔡漱六、柬邀三弟，晚到，往陶乐春夜餐。夜过北新店取书及期刊等数种。玉堂、伏园、春台来访，谈到夜分。"这个叫鲁迅的人来到这里后，郭沫若、茅盾、瞿秋白、丁玲、叶圣陶、夏衍等在这里聚成一团火，并渐渐燃烧起一场壮阔的左翼文学运动。

　　这一年，当新刊物《布尔塞维克》在上海秘密创刊，有人写信说："自从《向导》停刊后，我常感觉孤寂，仿佛失却一件东西似的，……辄觉徘徊歧路无所适从；自从看见《布尔塞维克》

后，胸中块垒为之大消，似乎从此又有了明灯了！"

如画江山，寥廓万里。血雨腥风中，自有无数英雄岿然不动，敢叫日月换新天。

斗转星移，光阴流逝。那以后很多年的岁月里，有人赋诗曰："惯于长夜过春时……月光如水照缁衣。"不久，一支扛着红旗的队伍走上漫漫长途，途中有人赋词云："西风烈，长空雁叫霜晨月。霜晨月，马蹄声碎，喇叭声咽。雄关漫道真如铁，而今迈步从头越。从头越，苍山如海，残阳如血。"

又是很多年过去了，有人在上海仰望夜空，只见繁星点点，映照着这古老东方的苍穹，于是绘了一幅图，图上赫然竟是五颗星星！

陈利明：《陈独秀正传》，人民日报出版社 2019 年版。

朱志敏：《李大钊传》，红旗出版社 2009 年版。

齐卫平等：《中国共产党创建与上海》，上海人民出版社 2016 年版。

叶永烈：《红色的起点》，四川人民出版社 2016 年版。

林文光选编：《陈独秀文选》，四川文艺出版社 2009 年版。

张宝明主编：《中共早期期刊历史系谱》（上卷），人民出版社 2018 年版。

铁流、徐锦庚：《国家记忆：一本〈共产党宣言〉的中国传奇》，山东文艺出版社 2014 年版。

苏若群、姚金果：《张国焘传》，天地出版社 2018 年版。

肖甡：《中共党史百人百事》，上海人民出版社 2011 年版。

陈铁健：《瞿秋白传》，红旗出版社 2009 年版。

萧枫编：《瞿秋白作品集》（一），河南大学出版社 2009 年版。

丁玲：《丁玲自述》，大象出版社 2006 年版。

钱希均：《钱希均革命回忆录》，京华出版社 2006 年版。

图书在版编目(CIP)数据

寸印繁星:中共早期出版业纪实/杨绣丽著. —
上海:上海人民出版社,2024
(红色起点)
ISBN 978 - 7 - 208 - 17307 - 1

Ⅰ.①寸… Ⅱ.①杨… Ⅲ.①出版业-文化史-中国
-现代 Ⅳ.①G239.29

中国国家版本馆 CIP 数据核字(2024)第 039110 号

责任编辑 郭敬文
封面设计 今亮后声

红色起点

寸印繁星
——中共早期出版业纪实

杨绣丽 著

出　　版　**上海人民出版社**
　　　　　(201101　上海市闵行区号景路 159 弄 C 座)
发　　行　上海人民出版社发行中心
印　　刷　上海盛通时代印刷有限公司
开　　本　890×1240　1/32
印　　张　6.5
插　　页　2
字　　数　145,000
版　　次　2024 年 3 月第 1 版
印　　次　2024 年 3 月第 1 次印刷
ISBN 978 - 7 - 208 - 17307 - 1/D·3825
定　　价　40.00 元